JN062240

聞いてみよう イエスさまのことば 2
―ルカ・ヨハネ―

稲川圭三

サンパウロ

聞いてみよう イエスさまのことば2
―ルカ・ヨハネ―

――目　次

※　文中の聖書引用は、日本聖書協会『聖書　新共同訳』を使用しました。

聞いてみよう イエスさまのことば 2

―ルカ・ヨハネ―

「どうしてわたしを捜したのですか」(ルカ2・49)

イエスさまの第一声は

今年はルカによる福音書から、イエスさまのことばを聞いてみたいと思います。今日のことばは、ルカによる福音書の中で最初に登場するイエスさまのことばです。

さて、両親は過越祭には毎年エルサレムへ旅をした。イエスが十二歳になったときも、両親は祭りの慣習に従って都に上った。祭りの期間が終わって帰路についたとき、少年イエスはエルサレムに残っておられたが、両親はそれに気づかなかった。イエスが道連れの中にいるものと思い、一日分の道のりを行ってしまい、それから、親類や知人の間を捜し回ったが、見つからなかったので、捜しながらエルサレムに引き返した。三日の後、イエスが神殿の境内で学者たちの真ん中に座り、話を聞いたり質問したりしておられるのを見つけた。聞いている人は皆、イエスの賢い受け答えに驚いていた。両親はイエスを見て驚き、母が言った。「なぜこんなことをしてくれたのです。御覧なさい。お父さんもわたしも心配して捜していたのです」。すると、イエスは言

われた。「どうしてわたしを捜したのですか。わたしが自分の父の家にいるのは当たり前だということを、知らなかったのですか」。しかし、両親にはイエスの言葉の意味が分からなかった。それから、イエスは一緒に下って行き、ナザレに帰り、両親に仕えてお暮らしになった。

母はこれらのことをすべて心に納めていた。イエスは知恵が増し、背丈も伸び、神と人とに愛された（ルカ2・41～52）。

父が言ったひと言

いきなりわたくし事で、なおかつかなり昔のことで恐縮なのですが、話させていただきたいと思います。今日の箇所を読むといつも思い出すことがあります。それは、かつて父がこの聖書の箇所に触れて言ったひと言です。

もう四十年以上も前のことなのですが、日曜日のミサでこの福音が読まれたある日（この箇所が読まれるのは「聖家族・C年」なので、年の瀬のことだったと思います）、家に帰ってから、居間で父が母に話しているのが聞こえてきました。「いく

らイエスさまが神さまだからといって、親に向かってああいうものの言い方をするのは、オレはやっぱり良くないと思うよ」。

父は祖父の代からのカトリックで、毎週必ず七人家族全員を連れてミサにあずかっていた熱心な信者だったのですが、聖書のことばを口にする、というようなことはあまりない人でした。そういう父が、ほとんど初めてに近い感じで聖書に触れて話したひと言だったので、特別に印象深く記憶に残っています。

おそらく、親を大切にすることは神さまを大切にすることと一緒だと考えていたに違いない父にとって、「どうしてわたしを捜したのですか。わたしが自分の父の家にいるのは当たり前だということを、知らなかったのですか」という、十二歳のイエスさまのことばは、「オレはやっぱり良くないと思うよ」ということだったのだと思います。

神学的メッセージ

しかしながら、ルカがこの個所を通して伝えたかったのは、賢い十二歳のイエスさまが、親に向かって小生意気なことを言った、というエピソードなどではないようです。ルカによる福音書が示そうとしているのは、十二歳のイエスさまが、まさに神の子であられるということ。福音書に書かれた「イエスの幼年物語」とは、イエスという方がその誕生の初めから、後に死と復活によってわたしたちを救うことになる、救い主であるという、神学的メッセージなのだということです。

今日の物語では、イエスさまは人々の前から姿が見えなくなり、皆はイエスさまを捜します。そして、「三日目」に、父の家である神殿でその姿を現されます。これは復活を暗に示すものです。

そして言われます「どうしてわたしを捜したのですか。わたしが自分の父の家にいるのは当たり前だということを、知らなかったのですか」。……これは復活のメッセージの先取りです。

復活の出来事は次のとおり。週の初めの日、すなわち「三日目」の朝早く、婦人たちは墓に行きます。すると輝く衣を着た二人の人がそばに現れます。恐れて地に顔を伏せた婦人たちに向かって、二人は言いました。「なぜ、生きておられる方を死者の中に捜すのか。あの方はここにはおられない。復活なさったのだ」(ルカ24・5〜6)。

父の家とは、神さまがお住まいになる神殿のことです。そしてイエスの言われる神殿とは、わたしたち人間のことです。人間こそ、神がお住まいになっておられる尊い神の家、父の家なのです。今日のイエスさまのことばは、復活のメッセージの先取りです。

「わたしが父の家にいるのは当たり前だということを、知らなかったのですか」。……なぜならイエスさまは、まさに復活して今日、わたしたちの内にいてくださるお方だからです。

仕えるために来た

「それから、イエスは一緒に下って行き、ナザレに帰り、両親に仕えてお暮らしになった」とあります。「仕えて」と訳されている言葉は、「ヒュポタッソー」。「服従する」「従う」、という意味を持った「仕える」です。

「人の子は仕えられるためではなく、仕えるために来た」（マルコ10・45）と言われたイエスさまは、幼少期にあっても、心からご両親に従い、お仕えして暮らされた方であったに違いありません。そして、今は復活してわたしたちの内に共におられ、すべての人の中に、神さまのいのちがあることを認めて生きるようにとわたしたちを励まし、お仕えくださっているのだと思います。

父は五年前に九十一歳で亡くなりましたが、今このように話しましたら、「ああ、そうなんだねえ」と答えるように思います。

「人はパンだけで生きるものではない」（ルカ4・4）

あなたはわたしの愛する子

イエスさまが洗礼をお受けになったのは三十歳くらいの時のことでした。洗礼を受けて祈っておられると、天が開け、聖霊が鳩（はと）のように目に見える姿でイエスさまの上に降ってきました。すると、「あなたはわたしの愛する子、わたしの心に適（かな）う者」という声が天から聞こえました（ルカ3・21～23参照）。

その後イエスさまは、荒れ野で悪魔から誘惑をお受けになります。悪魔の誘惑の矛先は、「あなたはわたしの愛する子」ということばにありました。悪魔はイエスさまが「神の子である」という真理を口にしながら、狡猾（こうかつ）にイエスさまをその真理から引き離そうと図っています。今日のイエスさまのことばは、そこで語られたことばです。

◇

さて、イエスは聖霊に満ちて、ヨルダン川からお帰りになった。そして、荒れ野の中を〝霊〟によって引き回され、四十日間、悪魔から誘惑を受けられた。その間、何も食べず、その期間が終わると空腹を覚えられた。そこで、悪魔はイエスに言った。「神の子なら、この石にパンになるように命じたらどうだ」。イエスは、「『人はパンだけで生きるものではない』と書いてある」とお答えになった。更に、悪魔はイエスを高く引き上げ、一瞬のうちに世界のすべての国々を見せた。そして悪魔は言った。「この国々の一切の権力と繁栄とを与えよう。それはわたしに任されていて、これと思う人に与えることができるからだ。だから、もしわたしを拝むなら、みんなあなたのものになる」。イエスはお答えになった。「『あなたの神である主を拝み、ただ主に仕えよ』と書いてある」。そこで悪魔はイエスをエルサレムに連れて行き、神殿の屋根の端に立たせて言った。「神の子なら、ここから飛び降りたらどうだ。というのは、こう書いてあるからだ。『神はあなたのために天使たちに命じて、あなたをしっかり守らせる』。また、『あなたの足が石に打ち当たることのないように、天使たちは手であなたを支える』」。イエスは、「『あなたの神である主を試してはならない』と言われている」とお答えになった。悪魔はあらゆる誘惑を終えて、時が来るまでイエスを離れた（ルカ4・1～13）。

人はパンだけで生きるものではない

三度に渡って悪魔は、イエスさまに誘惑をしかけました。その魂胆(こんたん)は明らかで、イエスさまを神さまから引き離そうとするものでした。しかしイエスさまは三度とも、旧約聖書の「申命記」のことばで悪魔の誘惑を退けておられます。

悪魔の誘惑とは、神さまに向かうまなざしを、神でないものに向かわせ、滅びあるものにくっつけてしまおうとする策略です。「永遠である神」に向かう時、わたしたちは神の永遠のいのちに結ばれます。この時、悪魔は手出しができません。しかし、神さまよりも、自分の力とか、財力だとか、人からの評価だとかいう「滅びあるもの」を大切にしてしまう時、わたしたちは滅びあるものにくっついて滅びに結ばれます。この時、わたしたちは悪魔の言うなりです。

「神の子なら、この石にパンになるように命じたらどうだ」。そう誘惑する悪魔に、イエスさまは「人はパンだけで生きるものではない」（申命記8・3）とお答えになりました。旧約聖書のこの言葉は「人はパンだけで生きるのではなく、人は主の口から出るすべての言葉によって生きる」と続きます。

イエスさまは、悪魔の誘惑に乗って、滅びあるパンや自分の力に目を向けるのではなく、人を真に生かすことのできる、主である神に目を向け続けました。イエスさまは、ご自分が「神の子である」とは、何かができる「自分」から出ることなのではなく、あなたはわたしの愛する子、わたしの心に適う者、と言ってくださる神さま、「あなた」から来ることなのだと、知っておられたからです。

あなたの神である主を拝め

悪魔は造られたものにすぎない、いつかは滅びる存在です。決して永遠という存在ではありません。ですから、誘惑に乗って、そこに頭を下げ拝むなら、わたしたちは、滅びあるものとなってしまいます。

イエスさまは、それはわたしたちが目を向けるべきところではないことをご存じでした。それで「あなたの神である主を拝み、ただ主に仕えよ」と言われました。わたしたちが向かい、目を向けるべきお方は「あなた」、わたしたちにご自分の永遠をお与えになられる、主である神の他にはないからです。

主を試してはならない

悪魔は最後に、聖書の言葉まで持ち出してイエスさまを誘惑しています。悪魔はイエスさまを神殿の屋根の端に立たせ、「神はあなたのために天使たちに命じて、あなたをしっかり守らせる」（詩編91・11参照）と聖書に書いてある。だから、「神の子なら、ここから飛び降りたらどうだ」と唆（そそのか）したのです。

しかしイエスさまは誘惑に乗りません。イエスさまは、ご自分が「神の子である」とは、神に愛されている実感や証拠を持つ「自分」から出ることなのではなく、あなたはわたしの愛する子、わたしの心に適う者、と言ってくださる神さま、「あなた」から来ることなのだと、知っておられたからです。

悪魔のすべての誘惑を退けられた後、イエスさまはガリラヤに行き、宣教を開始されました。「あなたはわたしの愛する子、わたしの心に適う者」と言われたイエスさまは、おん父である神さまと完全に一致し、一緒の向きで生きるいのちとなられました。そして、すべての人に「あなたはわたしの愛する子、わたしの心に適う者」と呼びかけておられるおん父のまなざしと心を、人々にお示しになったのです。

「沖に漕ぎ出して網を降ろし、漁をしなさい」（ルカ５・４）

あなたは人間をとる漁師になる

今日の箇所は、イエスさまがペトロを弟子として召し出される場面です。今日もわたしたちを招いておられるイエスさまの呼びかけに気づかせていただくために、福音書のイエスさまのことばを聞いてみましょう。

イエスがゲネサレト湖畔に立っておられると、神の言葉を聞こうとして、群衆がその周りに押し寄せて来た。イエスは、二そうの舟が岸にあるのを御覧になった。漁師たちは、舟から上がって網を洗っていた。そこでイエスは、そのうちの一そうであるシモンの持ち舟に乗り、岸から少し漕ぎ出すようにお頼みになった。そして、腰を下ろして舟から群衆に教え始められた。話し終わったとき、シモンに、「沖に漕ぎ出して網を降ろし、漁をしなさい」と言われた。シモンは、「先生、わたしたちは、夜通し苦労しましたが、何もとれませんでした。しかし、お言葉ですから、網を降ろして

みましょう」と答えた。そして、漁師たちがそのとおりにすると、おびただしい魚がかかり、網が破れそうになった。そこで、もう一そうの舟にいる仲間に合図して、来て手を貸してくれるように頼んだ。彼らは来て、二そうの舟を魚でいっぱいにしたので、舟は沈みそうになった。これを見たシモン・ペトロは、イエスの足もとにひれ伏して、「主よ、わたしから離れてください。わたしは罪深い者なのです」と言った。とれた魚にシモンも一緒にいた者も皆驚いたからである。シモンの仲間、ゼベダイの子のヤコブもヨハネも同様だった。すると、イエスはシモンに言われた。「恐れることはない。今から後、あなたは人間をとる漁師になる」。そこで、彼らは舟を陸に引き上げ、すべてを捨ててイエスに従った（ルカ5・1〜11）。

岸から少し漕ぎ出すように

ゲネサレト湖畔、すなわちガリラヤ湖畔での出来事です。漁師たちは徹夜で漁をしましたが、何の収穫もないまま朝を迎えました。舟から上がって網を洗う漁師たちの背中には、疲労感も漂っていたことでしょう。早朝の出来事であったと思われます。

湖畔に立っておられたイエスさまの周りに、話を聞こうとした群衆が押し寄せて来ました。群衆に押されて、湖に落ちてしまいかねない勢いであったのでしょう、イエスさまは、岸にあった二そうの舟のうちの一そう、シモンの持ち舟に乗り、岸から少し漕ぎ出すように、お頼みになりました。

シモンはすでに、イエスさまのことを知っていました。なぜなら、かつてシモンのしゅうとめが高い熱に苦しんでいた時、イエスさまにいやしていただいていたからです（ルカ4・38参照）。それで、（先生のおっしゃることなら……）と、仲間と一緒に舟を少し漕ぎ出したのでしょう。イエスさまは舟から、岸辺に立つ群衆に向けて教えられました。

話し終わるとイエスさまは、今度は「沖に漕ぎ出して網を降ろし、漁をしなさい」と言われたのです。さすがに仲間たちは、「旦那さん、そいつは勘弁してくださいよ！」という気持ちになったに違いありません。しかしシモンは、「先生、わたしたちは、夜通し苦労しましたが、何もとれませんでした。しかし、お言葉ですから、網を降ろしてみましょう」と答えました。

お言葉ですから、網を降ろしてみましょう

その湖の魚は、夜の間は湖面近くまで上がって来ますが、日が昇ると湖の奥深くに移動してしまう習性がありました。それでシモンたちは「夜通し」苦労しました。けれどもその日は何もとれず、すでに日が昇ってしまったので漁を諦め、次の漁に備えて網を洗っていたのです。

プロの漁師としての経験と知識に立てば、昼間網を打つことは「無意味」でした。しかしシモンは「あなたのお言葉」に従って「網を降ろしてみましょう」と言ったのです。ここに出会いがありました。

漁師たちがそのとおりにすると、おびただしい魚がかかり、網が破れそうになりました。とれた魚で、応援に来た仲間の舟もいっぱいになり、沈みそうになるほどの、かつてない大漁でした。これを見たシモン・ペトロは、イエスさまの足もとにひれ伏して、「主よ、わたしから離れてください。わたしは罪深い者なのです」と言いました。この出来事に驚き、神への恐れに打たれたからです。

すべてを捨ててイエスに従った

シモンは「自分の知識や経験」にではなく、「あなたのお言葉」に従って網を降ろしました。しかし、「だから魚がとれるはずだ」と考えて網を降ろしたわけではないはずです。ただ、「あなたのお言葉」に従って、網を降ろしたのだと思います。ここに、イエスさまからの呼びかけに答える、出会いがありました。

よく考えてみると、岸から少し漕ぎ出すように頼まれた時も、「今日は徹夜明けなので、勘弁してください」と言うこともできたかもしれません。しかし、「先生のお言葉なので……」と、従った先に、さらに大きな出会いへの招きが待っていました。

イエスさまはシモンに「恐れることはない。今から後、あなたは人間をとる漁師になる」と言われました。「とる」と訳されている言葉は、ギリシャ語の「ゾーグレオー」で、「生きている」という意味の言葉と、「捕まえる」という意味の言葉の合成語です。人間を「生かすためにとる漁師」……つまり、すべての人間の中に共におられる神の真実に出会わせ、「永遠に生きる者とするために」人間をとる漁師になる、とイエスさまは言われたのです。

すべてを捨ててイエスさまのことばに従った彼らは、さらに大きな出会いへの招きを受けることになっていきます。

「若者よ、あなたに言う。起きなさい」（ルカ7・14）

息子をその母親にお返しになった

イエスさまはある町で、一人息子を亡くした母親に出会いました。憐（あわ）れに思われたイエスさまは、棺の中の息子に声を掛けて起き上がらせ、息子をその母親にお返しになりました。

イエスさまは人を永遠のいのちにつなぐ力を持っておられます。今日もわたしたちに呼びかけてくださるイエスさまのことばを聞いてみましょう。

◇

それから間もなく、イエスはナインという町に行かれた。弟子たちや大勢の群衆も一緒であった。イエスが町の門に近づかれると、ちょうど、ある母親の一人息子が死んで、棺が担ぎ出されるところだった。その母親はやもめであって、町の人が大勢そばに付き添っていた。主はこの母親を見て、憐れに思い、「もう泣かなくともよい」と言われた。そして、近づいて棺に手を触れられると、担いでいる人たちは立ち止まった。イエスは、「若者よ、あなたに言う。起きなさい」と言われた。すると、死人は起き上がってものを言い始めた。イエスは息子をその母親にお返しになった。人々は皆恐れを抱き、神を賛美して、「大預言者が我々の間に現れた」と言い、また、「神はその民を心にかけてくださった」と言った。イエスについてのこの話は、ユダヤの全土と周りの地方一帯に広まった（ルカ7・11〜17）。

喜びという名の町で

ナインは、イエスさまの故郷ナザレの南東六キロメートルほどの所に位置する町でした。ナインには、「愛らしい」「喜ばしい」という意味があります。しかし、喜びという名前のついた町で、イエスさまが出会ったのは、野辺の送りという悲しみの出来事でした。

イエスさまが町の門に近づかれた時、ちょうどそこから担ぎ出された棺は、母親の一人息子のものでした。町から離れた所にある墓地に葬るために、まだ年若い命であった息子の棺を運んでいく葬送は、悲痛なものであったに違いありません。

この母親はやもめであって、すでに夫を送り出していました。そして今、一人息子をも送ろうとしています。この世でたった一人になってしまった母親に、町の人が大勢そばに付き添っていました。おそらく母親と一緒に、大勢の人が泣いていたのでしょう。主イエスはこの母親を見て、憐れに思い、「もう泣かなくともよい」と言われました。

「憐れに思い」という言葉には、「スプランクニゾマイ」という単語が使われています。これは「はらわたが揺り動かされる」ほどの、深い情動を表す言葉です。新約聖書では、神さま、イエスさまが人を「憐れむ」という以外には使われない特別な単語です。イエスさまはこの母親を見て、深く、激しく心を動かされたのです。

もう泣かなくともよい

人間は皆神の子。主なる神がご自分に似せて創造されたもの。主なる神がご自分の命の息を吹き入れてくださって、そうして生きるものとなった命です（創世記1・27、2・7参照）。それゆえ、死によっても決して滅んでしまうことはなく、また出会えなくなってしまうこともありません。イエスさまはそのことをはっきりと知っておられました。

しかし、そのことが見えない母親は、死という目に見える現実によって、息子の

命との絆が引き裂かれ、悲嘆の淵に投げ込まれてしまっていました。この母親を深く憐れまれたイエスさまは、そこにいた皆のように一緒に泣くことはなさいませんでした。そして、「もう泣かなくともよい」と言われました。それは、引き裂かれてしまったようになっていた絆を、ご自分が回復させることができる、と知っておられたからです。

イエスさまは、近づいて棺に手を触れ、「若者よ、あなたに言う。起きなさい」と言われました。すると死人は起き上がって、ものを言い始めました。

イエスさまの言われた「起きなさい」という言葉は、「復活する」という意味でも使われる単語です。イエスさまは若者を起き上がらせ、ものを言わせ、人が死によっても、「決して滅びることも、出会えなくなってしまうこともない」ということをはっきりとお示しになりました。

亡くなった人を返していただく

その時、息子を返してもらった母親はただ一人だけ。他にも「亡くなった家族を返してほしい」と願う人は大勢いたことでしょう。この母親一人以外の願いは聞かれなかったのでしょうか。いいえ。イエスさまは「ご自分の死と復活」によって、すべての人の願いを満たしてくださったのです。

今日、復活の主イエスは、すべての人と一緒にいてくださいます。そして「人間は死によっても決して滅んでしまうことがなく、また出会えなくなってしまうこともない」という真実をご自分の存在によって告げておられます。そのことに気づき、一緒にいてくださる主イエスと、一緒の向きで生きるものとなる時、わたしたち一人ひとりも、人に「もう泣かなくてもいいよ」と告げるいのちになっていくのだと思います。

今日も教会で葬儀が行われています。至る所で行われています。その一つひとつの葬儀で、イエスさまはご遺族の方々に、「もう泣かなくともよい」と声を掛けておられると思います。「人は死によっても決して滅びることなく、生きて共にいた時よりも『もっと深く』、『もっといつも』、『もっと一人ひとりと』一緒の向きで生きるいのちになっていくのだよ」と、呼びかけ励ましておられると思います。

そのことに気づかせていただく時、亡くなった方はわたしたちの中で立ち上がり、一緒の向きで生きてくださいます。その時わたしたちは、亡くなった人を返していただきます。

「まず、『この家に平和があるように』と言いなさい」（ルカ10・5）

行きなさい。わたしはあなたがたを遣わす

イエスさまは九章で十二人の弟子を派遣し、今日の十章ではさらに七十二人の弟子を遣わしておられます。福音（良い知らせ）を告げるのは、すべての弟子の務めです。わたしたちも弟子の一人として、イエスさまのことばに耳を傾けてみましょう。

◇

その後、主はほかに七十二人を任命し、御自分が行くつもりのすべての町や村に二人ずつ先に遣わされた。そして、彼らに言われた。「収穫は多いが、働き手が少ない。だから、収穫のために働き手を送ってくださるように、収穫の主に願いなさい。行きなさい。わたしはあなたがたを遣わす。それは狼の群れに小羊を送り込むようなものだ。財布も袋も履物も持って行くな。途中でだれにも挨拶をするな。どこかの家に入ったら、まず、『この家に平和があるように』と言いなさい。平和の子がそこにいるなら、あなたがたの願う平和はその人にとどまる。もし、いなければ、その平和はあなたがたに戻ってくる。その家に泊まって、そこで出される物を食べ、また飲みなさい。働く者が報酬を受けるのは当然だからである。家から家へと渡り歩くな。どこかの町に入り、迎え入れられたら、出される物を食べ、その町の病人をいやし、また、『神の国はあなたがたに近づいた』と言いなさい。しかし、町に入っても、迎え入れられなければ、広場に出てこう言いなさい。『足についたこの町の埃さえも払い落として、あなたがたに返す。しかし、神の国が近づいたことを知れ』と。言っておくが、かの日には、その町よりまだソドムの方が軽い罰で済む」（ルカ10・1～12）。

中心的な命令

「福音宣教する教会となるように」と、教皇フランシスコはわたしたちに繰り返し語りかけておられます。でも「福音宣教は難しい」、「どうしていいのか分からない」という声もよく聞きます。「どうしていいのか分からない……」というわたしたちに、今日の福音の中でイエスさまがはっきりと答えを教えてくださっています。それは「『この家に平和があるように』と言いなさい」ということです。

どこかの家に入ったら、まず、「この家に平和があるように」と言うこと、それが福音宣教の中心的な命令です。他にもイエスさまは「財布も袋も履物も持っていくな」とか、「途中でだれにも挨拶するな」という命令をしておられますが、それは福音宣教を効果的に行うための、言わば補助的な命令です。イエスさまの中心的な命令は「この家に平和があるように」と言いなさいということです。

でもわたしたちが今、イエスさまのことばをただそのまま表面だけ受け取って、どこかの家に入って「この家に平和があるように」と言ったら、「へんな宗教が来た」と思われて、扉を閉められてしまうかもしれませんね。しかし、「この家に平和があるように」と言うことが、イエスさまの中心的な命令であることは間違いありません。わたしたちは、「『この家に平和があるように』と言うこと」とはどういうことなのか、まず、よく考えてみる必要がありそうです。

この家に平和がある

聖書の「平和」（シャローム）とは、神さまがすべてをお与えになっておられる「完全」、何も欠けることのない「充足」を意味します。つまり、神さまがすべての人と共におられ、ご自分のすべてをすべての人にお与えくださっているということ、それが「平和」の内容です。

そして「平和があるように」と訳されている箇所は、原文では、「平和」という言いきりの形です。つまり、イエスさまがお命じになっておられるのは、「平和があったらいいね」という期待にすぎないようなものなのではなく、言わば「この家に平和がある」という宣言なのです。

「平和」神が共におられること、このことは人間の創造の始めからの神の真実です。「主なる神は、土の塵で人を形づくり、その鼻に命の息を吹き入れられた。人はこうして生きる者となった」（創世記2・7参照）とあるとおり、神が共におられる平和は、すべての人間の中の神の真実です。イエスさまはその真実を、「神さまがあなたと共におられる」と、力強く宣言するように命じておられるのだと思います。

一人残らず、すべての人がその真実に出会わなくてはならない。だからイエスさまは「収穫は多いが働き手が少ない」と言われます。すべての人が、神が共におられる真実に出会って、神の国の倉に納められなくてはならない「収穫」だからです。

わたしたちの派遣先は？

七十二人の弟子たちは、町から村へと派遣されていきました。では、わたしたちはどこに、どのように派遣されているのでしょうか。彼らと違って、職場や学校、友人たちや、そして多くの場合は自分の家庭に派遣されているのかもしれません。「この家に平和がある」と言うために派遣されているわたしたちは、具体的には「神さまがあなたと共におられます」と告げたらよいのだと思います。

「家族同士で、そんなこと照れくさくて言えない」という方があると思います。それなら黙って祈ることができるのです。夫が妻に、妻が夫に、親が子どもに、子どもが親に、祈ることができます。心の中で祈り続けるなら、いつの日かその祈りを、音声の言葉として、相手に告げることができる時も来るのです。

「神さまがあなたと共におられます」と、日々「平和」が祈られているなら、いつの日か、本当に必要な時に、伝えるチャンスがやって来ます。家族が病気で入院し、もう長くないというような大切な時に、心から「神さまがお父さんと共におられますよ」と、福音を告げることができるのです。

「必要なことはただ一つだけである」（ルカ10・42）

マルタとマリア

イエスさまと二人の姉妹が登場するこの小さなエピソードは、ルカによる福音書だけに記されています。日常生活の中で起こった、ごくありふれた出来事を通して、イエスさまは本当に大切なことが何であるかを教えてくださいました。

一行が歩いて行くうち、イエスはある村にお入りになった。すると、マルタという女が、イエスを家に迎え入れた。彼女にはマリアという姉妹がいた。マリアは主の足もとに座って、その話に聞き入っていた。マルタは、いろいろのもてなしのためせわしく立ち働いていたが、そばに近寄って言った。「主よ、わたしの姉妹はわたしだけにもてなしをさせていますが、何ともお思いになりませんか。手伝ってくれるようにおっしゃってください」。主はお答えになった。「マルタ、マルタ、あなたは多くのことに思い悩み、心を乱している。しかし、必要なことはただ一つだけである。マリアは良い方を選んだ。それを取り上げてはならない」（ルカ10・38～42）。

活動とお祈り

教会のご婦人の間で時々、「あの人はマリアだけど、わたしはマルタよ」というような言い方がされることがあります。活動的・行動的な人がマルタ（型）、黙想的・観想的な人がマリア（型）と呼ばれているのだと思います。

もう二十年以上も前のことですが、叙階されてまだ三カ月という、司祭に成り立ての頃のことです。毎週、「次の主日ミサの福音を読む」という内容で聖書クラスを行っていましたが、その日の福音箇所は、ちょうど今日の場面でした。

クラスが終わると、受講していた一人の壮年の男性が近寄ってきて、わたしを教え諭すように話されました。「神父さん、次の日曜日の説教で、間違っても活動することより、お祈りをする方が正しいなんて言ってはいけませんよ。絶対だめですよ」と念を押されました。そんなことを言って、まだ経験の浅い若い神父が、教会にたくさんおられるマルタの反感を買うようなことになってはならない……。おそらくその方はそういう親心で、わたくしに忠告してくださったのだと思います。

忠告のおかげと言うわけではありませんが、説教では「活動よりお祈りの方が大事」……、というような言い方はしなかったと思います。しかし、イエスさまは福音書の中で、「マルタ、マルタ」と呼びかけ、「マリアは良い方を選んだ。それを取り上げてはならない」と言われています。はっきりと、「マリアは良い方を選んだ」と言われるのです。

マリアの選んだ「良い方」とは一体何なのでしょうか。

それは取り上げられない

「それを取り上げてはならない」と訳されている箇所は、原文では「それは取り上げられないだろう」という未来形で書かれています。イエスさまは「マリアが選んだ良い方」、つまり「必要なただ一つのこと」は、決して「取り上げられない」と言っておられるのです。マリアは、主の足もとに座って、その話に聞き入っていました。それはきっと話し手と聞き手が一つになるような聞き方だったのでしょう。

しかしこの後、マルタがイエスさまに言います。「主よ、わたしの姉妹はわたしだけにもてなしをさせていますが、何ともお思いになりませんか。手伝ってくれるようにおっしゃってください。」それに対してイエスさまは、「マルタ、マルタ」と親しく呼びかけ、「必要なただ一つのことは決して

取り上げられないのだよ」とお教えになります。

そして、もしかしたら、その後イエスさまはマリアにも、「マルタが、あのように言っているのだから、一緒に行ってお手伝いしてらっしゃい」とおっしゃったかもしれません。もしそうであるなら、マリアはイエスさまの足もとに座って聞くという「機会」は取り上げられることになったかもしれません。しかし、マリアが選んだ「必要なただ一つのこと」は決して取り上げられなかったのだと思います。

良い方を選んで生きる

マルタはイエスさまを迎え入れ、いろいろのもてなしのためせわしく立ち働いていました。「せわしく立ち働く」と訳されている単語は「ペリスパオー」ですが、「ペリ（周囲に）」と「スパオー（引き離す）」の合成語です。つまり「あるべき中心から引き離され、周囲の雑事に心が散り散りになった」状態のことを示しています。

マルタはイエスさまを迎え入れました。マルタの中心はイエスさまです。しかし、いろいろのもてなしのことで頭がいっぱい

になって、イエスさまから引き離されてしまいました。そして、マリアがイエスさまの足もとに座って聞き入っているのを見ていまいましく思い、ついにイエスさまに不満をぶつけてしまいます。（マリア、あなたのせいで、わたしの大切な何かがなくなってしまったのよ！）そんな思いであったかもしれません。

しかし、「必要なただ一つのこと」は、決して人の手によって取り上げられることはありません。それはイエスさまのことばを聞き、イエスさまと一緒に生きることです。イエスさまはインマヌエル、「神が我々と共におられる」という真実を生きる方です。そのお方と一緒に生きるとは、自分にも人にも、神さまが共におられることを認めて生きることです。このことは決して取り上げられることはありません。

活動と祈りと、どちらが大切かではなく、決して人に取り上げられることのない「必要なただ一つのこと」を選ぶことこそが大切なのだと思います。

「あなたがたも悔い改めなければ、皆同じように滅びる」（ルカ13・3）

いのちにつながるために

今日の箇所も、ルカによる福音書だけが記しているエピソードです。イエスさまは、今日の出来事を通して、わたしたちが普段、知らないうちに陥ってしまっている的外れを指摘し、気づかせようとしておられます。そして的外れに気づかせて、わたしたちをいのちにつなげようとしておられるのだと思います。

◇

ちょうどそのとき、何人かの人が来て、ピラトがガリラヤ人の血を彼らのいけにえに混ぜたことをイエスに告げた。イエスはお答えになった。「そのガリラヤ人たちがそのような災難に遭ったのは、ほかのどのガリラヤ人よりも罪深い者だったからだと思うのか。決してそうではない。言っておくが、あなたがたも悔い改めなければ、皆同じように滅びる。また、シロアムの塔が倒れて死んだあの十八人は、エルサレムに住んでいたほかのどの人々よりも、罪深い者だったと思うのか。決してそうではない。

言っておくが、あなたがたも悔い改めなければ、皆同じように滅びる」（ルカ13・1〜5）。

巷（ちまた）で話題のあの事件

何人かの人がイエスさまのところに来て報告しました。おそらく息せき切って伝えたのではないでしょうか。「先生、ご存じでしょうか、あの事件のこと」、……あの事件というのは「ピラトがガリラヤ人の血を彼らのいけにえに混ぜた」という出来事のことです。意味がよく分からないとお感じになるかもしれませんが、民衆が皆いけにえをささげる「過越祭」の時期に、ピラトが神殿でガリラヤ人を虐殺するという凄惨な事件があったということを表しているようです。

そう告げる人たちの心の奥に、神殿の中で、そんな目に遭わされるなんて、きっとその人たちは、どこかで何か罰当たりな事をしたからに違いない……、そんな思いがあるのを、イエスさまはお気づきになったのでしょう。それでイエスさまは彼らに、「そのガリラヤ人たちがそのような災難に遭ったのは、ほかのどのガリラヤ人よりも罪深い者だったからだと思うのか。決してそうではない」と言われたのです。

当時の人々が一般的に持っていた理解によれば、病気、災い、貧困、障害は、神に対して犯した罪の罰だと考えられていました。本人か、両親か、先祖の誰かが犯した罪の罰の結果だと考えられていました。しかし、イエスさまはその考えにはっきりと「ノー」と答えられたのです。

そして「言っておくが、あなたがたも悔い改めなければ、皆同じように滅びる」と言われます。「シロアムの塔が倒れて死んだ十八人の出来事」についてもまったく同じことをイエスさまは繰り返されます。ガリラヤでもエルサレムでも、どこでも、「言っておくが、あなたがたも悔い改めなければ、皆同じように滅びる」と言われるのです。

ここで気をつけなくてはいけないのは、イエスさまは「お前たちも、悔い改めないと、皆、同じ目に遭うぞ」とおっしゃっているのでは「ない」、ということです。イエスさまがおっしゃる「滅び」とは、「同じような目に遭うこと」つまり、単に災難に遭うか遭わないかというような次元のことではないからです。

悔い改めは「今」そして「ここ」

「滅び」と訳されている言葉は、ギリシャ語の「アポッリューミ」。根源的な意味は、「本来あるべきところから離れて、弱ってしまう、滅びてしまう」ということです。わたしたちにとって、「本来あるべきところ」とは神さまのところです。一緒にいてくださる神さまと一緒に生きるというところです。そこから離れてしまうこと、今日、神さまと一緒に生きないことが、イエスさまの言われる「滅び」なのです。

「言っておくが、あなたがたも悔い改めなければ、皆同じように滅びる」という言葉でイエスさまが強調しておられるのは、悔い改めるべきわたしたちの「今」であり「ここ」です。「人の災難や罪について思い巡らしているその瞬間に、自分の悔い改めを忘れている」という、わたしたちが知らないうちに陥ってしまっている的外れを、指摘し、気づかせようとしてくださっているのだと思います。

「悔い改め」と訳されているのはギリシャ語の「メタノイア」。心の方向転換、心をすっかり入れかえることです。「今」「ここ」で悔い改めて、共にいてくださる神さまと一緒に生きること、それが「悔い改め」です。一方、今、神さまと一緒に生きないならば、それは「滅び」なのです。

砂の上に建てた家が、今は岩の上に建てた家と同じように建っているように見えても、嵐の時には必ず倒れて、「その倒れ方がひどかった」と言われます。そのように、神さまと一緒に生きないならば、今すでに「滅び」にあるのです（マタイ7・24以下参照）。だからイエスさまは「今、悔い改めなさい。ここで神さまと一緒に生きなさい」とおっしゃっているのです。

インマヌエルを祈る

「神さまと一緒に生きる」とは、具体的にどうすることでしょうか。それはイエスさまと一緒に生きることです。「わたしは世の終わりまで、いつもあなたがたと共にいる」（マタイ28・20）と約束してくださったイエスさまは、わたしたち一人ひとりと一緒にいてくださいます。わたしは、一緒の向きで共にいてくださるのだと思っています。だから、そのお方と一緒に、インマヌエル（神が我々と共におられる）という真実を認め、祈ったらよいと思います。

悲惨な災いに遭われた方がいるなら、その方たちのために「神さまがあなたと共におられます」と祈り、「復活のキリストは、あなたと共におられます」と祈り、「聖霊の交わりが、皆さんに豊かにあります」と祈ったらよいのだと思います。

「自分の十字架を背負ってついて来る者でなければ、だれであれ、わたしの弟子ではありえない」（ルカ14・27）

弟子とはだれか

今日のイエスさまのことばは厳しく聞こえますが、イエスさまはわたしたちに、「弟子になってほしい一心」で話しておられるように思います。一人残らずすべての人に、「弟子になってほしい」と願って話しておられるのだと思います。

◇

大勢の群衆が一緒について来たが、イエスは振り向いて言われた。「もし、だれかがわたしのもとに来るとしても、父、母、妻、子供、兄弟、姉妹を、更に自分の命であろうとも、これを憎まないなら、わたしの弟子ではありえない。自分の十字架を背負ってついて来る者でなければ、だれであれ、わたしの弟子ではありえない。あなたがたのうち、塔を建てようとするとき、造り上げるのに十分な費用があるかどうか、まず腰をすえて計算しない者がいるだろうか。そうしないと、土台を築いただけで完成できず、見ていた人々は皆あざけって、『あの人は建て始めたが、完成することはできなかった』と言うだろう。また、どんな王でも、ほかの王と戦いに行こうとするときは、二万の兵を率いて進軍して来る敵を、自分の一万の兵で迎え撃つことができるかどうか、まず腰をすえて考えてみないだろうか。もしできないと分かれば、敵がまだ遠方にいる間に使節を送って、和を求めるだろう。だから、同じように、自分の持ち物を一切捨てないならば、あなたがたのだれ一人としてわたしの弟子ではありえない」（ルカ14・25～33）。

永遠に生きてほしいから

「家族を、そして自分の命を憎む」「十字架を背負う」「持ち物を一切捨てる」……。イエスさまは、弟子を取るにあたり、何かとてつもなく厳しい条件を出しておられるのだ、と感じられるかもしれません。また、「条件をクリアした、選ばれた者だけが、イエスさまの弟子足り得るのだ」という厳しいメッセージのようにも見えます。

しかし、そうではないと思います。冒頭で申し上げたように、イエスさまは、すべての人に弟子になってほしい一心で話しておられるのだと思います。イエスさまが話しておられるのは、弟子であることの「十分条件」ではありません。これは「必要条件」です。そのことなしにはただ一人でさえ、イエスさまの弟子ではありえないから、そして、すべての人に弟子になってもらいたいから、だからイエスさまは、皆にはっきりと話しておられるのだと思います。弟子になるとは、イエスさまと一緒の向きで生きることです。その時、イエスさまは、一人残らずすべての人に弟子になってもらいたい、一人残らず永遠のいのちを受け継ぐ者になってもらいたい、その一心で、このように話しておられるのだと思います。

イエスさまが一番

「家族を、そして自分の命を憎む」「持ち物を一切捨てる」ということばは、そのまま文字どおりの意味で言われているのではないと思います。イエスさまに従って一緒に生きることを「すべてを超えて第一番にする」という意味の表現だと思います。

ペトロは、イエスさまの弟子になった後も、カファルナウムに自分の家を持っていました。イエスさまも弟子たちも、そこを拠点にして宣教活動をしていたようです（マルコ1・29参照）。また、イエスさまの復活の後も、ペトロは奥さんを連れて宣教活動を行ったようです（一コリント9・5参照）。家を捨てず、妻を愛するペトロは、イエスの弟子ではありえなかったのでしょうか。いいえ、そうではありません。ペトロはイエスの弟子の頭として生き、弟子としてのいのちを全うしたのです。

「憎む」と訳されている「ミセオー」という単語の背後には、ヘブライ語的言い回しが隠されているようです。ヘブライ語には比較級がないので、「より少なく愛する」という意味を表すために、反対の意味の言葉、「憎む」を使います。イエスさまを第一番に愛し、すべてのものを「より少なく愛し」二番三番に置くこと、それがイエスさまの弟子になるための必要条件です。

インマヌエルを祈る

イエスさまが続けて話された二つの「たとえ」は同じことを言っています。それは、「重大な結果につながる案件についての判断は、まず腰をすえて十分に考えなければならない」という強い勧めです。

自分の持っている資金で、塔が完成するのかよく考えずに「建て始める」なら、完成できずに物笑いの種になる。自分の一万の兵で、進軍してくる二万の敵を破ることができるのか、よく考えずに「戦を始める」なら、負けた場合、当時の戦争では王は必ず殺されます。勝ち目がないと分かれば、無条件降伏をするということです。（腰をすえて、よく考えなさい。自分の力で永遠のいのちを得ることができるのだろうか。自分の家族や、自分の持ち物が、永遠のいのちを支えてくれるのだろうか。もし支えてくれないと分かれば、支えてくれる方に従い、その方を一番にして生きなくてはならないのではないか）。イエスさまはそうおっしゃっているように聞こえます。

そしてその方、イエスさまに従うとは、自分の十字架を背負って従うということです。「十字架」とはイエスさまの歩みそのもの、つまりすべてのものの中に、神さまのいのちを見いだすまなざしのことだと思います。イエスさまはインマヌエル「神が我々と共におられる」という真実を生きた方です。十字架の上で、自分を殺す者の中にも、神のいのちが共にあることを見て、祈ってくださったのです（ルカ23・34参照）。

だからわたしたちも、自分が嫌いな人にも敵にも、「神さまがあなたと共におられます」と祈ります。それがイエスの弟子になることだと思います。

「清くされたのは十人ではなかったか」（ルカ17・17）

ほかの九人はどこにいるのか

そのとき、十人の人が清くされました。しかし、戻って来てイエスの足もとにひれ伏して感謝したのは一人だけでした。今日のイエスさまのことばは、目に見える恵みの奥で働いておられる、目に見えないお方に目を向けるようにと、わたしたちを促しておられるのだと思います。

イエスはエルサレムへ上る途中、サマリアとガリラヤの間を通られた。ある村に入ると、重い皮膚病を患っている十人の人が出迎え、遠くの方に立ち止まったまま、声を張り上げて、「イエスさま、先生、どうか、わたしたちを憐れんでください」と言った。イエスは重い皮膚病を患っている人たちを見て、「祭司たちのところに行って、体を見せなさい」と言われた。彼らは、そこへ行く途中で清くされた。その中の一人は、自分がいやされたのを知って、大声で神を賛美しながら戻って来た。そして、イエスの足もとにひれ伏して感謝した。この人はサマリア人だった。そこで、イエスは言わ

れた。「清くされたのは十人ではなかったか。ほかの九人はどこにいるのか。この外国人のほかに、神を賛美するために戻って来た者はいないのか」。それから、イエスはその人に言われた。「立ち上がって、行きなさい。あなたの信仰があなたを救った」（ルカ17・11～19）。

重い皮膚病を患っている人たちを見て

サマリアもガリラヤも、都エルサレムの北に位置する地域です。長い年月に渡る歴史的な怨恨（えんこん）の関係から、ユダヤ人はサマリア人とは交際しませんでした。イエスがお通りになった「サマリアとガリラヤの間」とは、そんな確執のある国と国との境の、人気のない辺鄙（へんぴ）な場所であったに違いありません。

ある村に入ると、重い皮膚病を患っている十人の人が、遠くの方に立ち止まったまま、声を張り上げて、「イエスさま、先生、どうか、わたしたちを憐れんでください」と言いました。

当時、重い皮膚病と判断されると、人との接触が禁じられ、村の外の崖や洞穴など、普通の人間が住めないような所に行って生活しなければなりませんでした。また、重い皮膚病を患っている人は、衣服を裂き、髪を乱し、口ひげを覆って、人に出会えば

「わたしは汚れた者です。汚れた者です」と叫んで、人との接触を避けなくてはなりませんでした。十人の人が、遠くの方に立ち止まったまま叫んだのはそのためです。

「イエスさま、先生、どうか、わたしたちを憐れんでください」。……イエスは、遠くの方に立ち止まったまま、声を張り上げて叫ぶ、重い皮膚病を患っている人たちを見ました。一体イエスさまは、その人たちをどのようにご覧になったのでしょうか。わたしは、イエスさまは、彼らの中にある神さまのいのちをご覧になったのだと思います。

イエスさまの熱に押し出されて

「あなたは汚れなどではない。神に愛されたいのち、神さまの子。神があなたと共におられ、あなたを満たし、あなたの内に宿っておられるのだ」。イエスさまは重い皮膚病にむしばまれたその人たちの中に、共におられる神の真実を見、その真実に触れ、きっと興奮し、熱くなって言われたのではないでしょうか。「祭司たちのところに行って、体を見せなさい」。

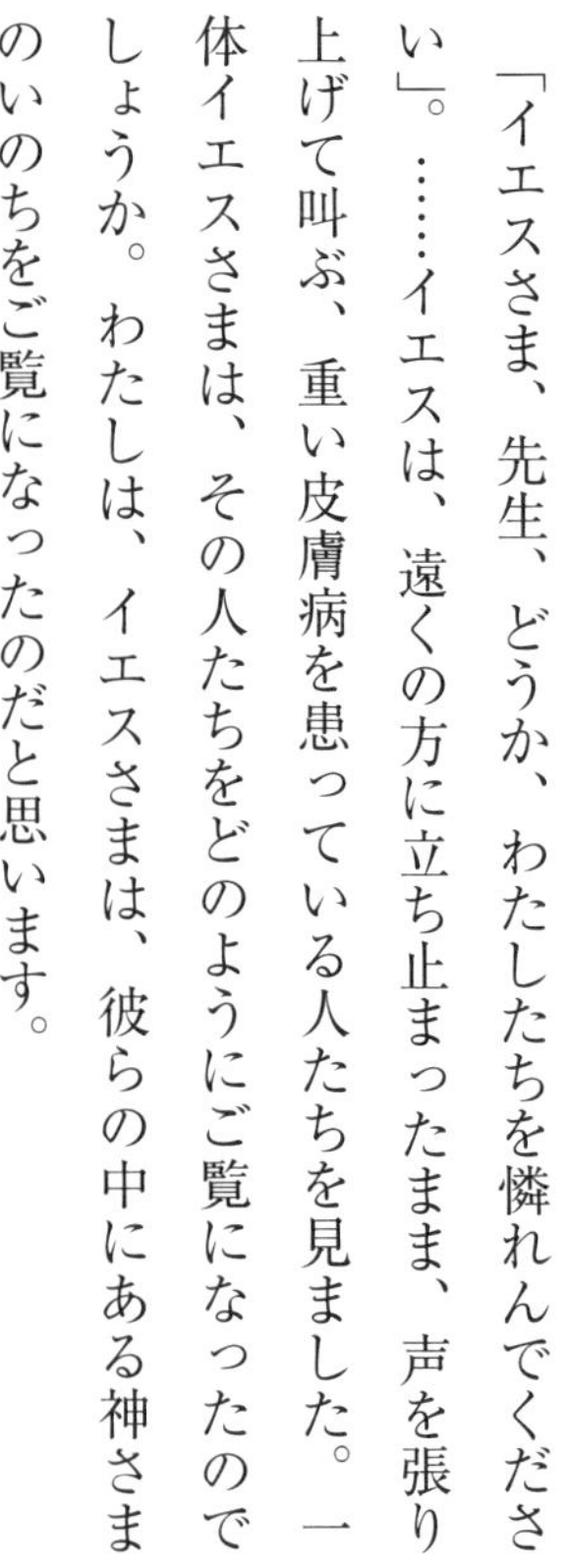

当時、かかっている皮膚病が、隔離の必要な重い皮膚病なのか、そうでないものなのか、判断するのは祭司の務めでした。一度「汚れている」と判断され、共同体から追放された者が、再び祭司のところに出て行くのは、勇気の要ることだったでしょう。しかし、イエスさまの愛と熱が、彼らをそこから出て行くようにと押し出したに違いありません。「彼らは、そこへ行く途中で清くされた」のです。

清くされたから、祭司のところに行ったのではなく、イエスさまが「祭司たちのところに行って、体を見せなさい」と言われたので彼らはそこから出て行ったのです。そして、「そこ（祭司たちのところ）へ行く途中で清くされ」ました。

病気が治った彼らは大喜びで祭司たちのところに行き、体を見せ、愛する家族の元に戻って行ったことでしょう。しかし、一人のサマリア人だけは、大声で神を賛美しながらイエスのところに戻って来ました。それは「祭司たちのところに行って、体を見せなさい」と言ってくださったお方を通して、神が働かれ、いやしてくださったことを知ったからです。

イエスさまは「清くされたのは十人ではなかったか。ほかの九人はどこにいるのか」と言われました。そして、戻ってきたサマリア人には「立ち上がって、行きなさい。あなたの信仰があなたを救った」と言われました。救いとは、目に見える出来事を通して働かれる、目に見えないお方に出会って生きることです。

恵みを働いてくださった方に感謝する

他の九人はどこにいたのでしょうか？　恵みをいただいた時、いただいた恵みのところで止まってしまって、その恵みを働いてくださったお方のところに行って、ひれ伏して感謝することができなかった、と言ってよいと思います。イエスさまは、他の九人にもまったく同じように救いの出会いに入ってほしかったので「清くされたのは十人ではなかったか」と言われたのです。

わたくし事で恐縮ですが、わたくしは恩師の下山正義神父さまに、「圭三、おまえ神学校に行け」と言われて、神学校に行きました。言われなければ、絶対に行くことはできませんでした。行けと言われてから二十八年たちますが、途中でいろいろな恵みをいただきました。下山神父さまはもう亡くなっておられますが、神父さまのところに行き、神父さまを通して働きかけてくださった神さまに、感謝しなくてはならないと思いました。

「今日は、ぜひあなたの家に泊まりたい」（ルカ19・5）

神の救いは「今日」

今日の箇所の直前の章で、イエスさまは「金持ちが神の国に入るよりも、らくだが針の穴を通る方がまだ易しい」と言われました。これを聞いた人々は、「それでは、だれが救われるのだろうか」と言いました。イエスさまは「人間にはできないことも、神にはできる」（ルカ18・27）とお答えになりました。

今日の物語に登場するザアカイは金持ちです。そして、イエスさまはザアカイに、「今日、救いがこの家を訪れた」と言われました。

イエスはエリコに入り、町を通っておられた。そこにザアカイという人がいた。この人は徴税人の頭（かしら）で、金持ちであった。イエスがどんな人か見ようとしたが、背が低かったので、群衆に遮（さえぎ）られて見ることができなかった。それで、イエスを見るために、走って先回りし、いちじく桑の木に登った。そこを通り過ぎようとしておられたからである。イエスはその場所に来ると、上を見上げて言われた。「ザアカイ、急いで降

りて来なさい。今日は、ぜひあなたの家に泊まりたい」。ザアカイは急いで降りて来て、喜んでイエスを迎えた。これを見た人たちは皆つぶやいた。「あの人は罪深い男のところに行って宿をとった」。しかし、ザアカイは立ち上がって、主に言った。「主よ、わたしは財産の半分を貧しい人々に施します。また、だれかから何かだまし取っていたら、それを四倍にして返します」。イエスは言われた。「今日、救いがこの家を訪れた。この人もアブラハムの子なのだから。人の子は、失われたものを捜して救うために来たのである」（ルカ19・1～10）。

徴税人の頭、ザアカイ

当時のユダヤは、ローマに支配されており、ローマに税を納めなくてはなりませんでした。幾つもの種類の税の中で、「地方税」の徴収については、同じユダヤ人に行わせる仕組みになっていました。

まずローマがユダヤ人に「税を徴収する権利」を提示します。それは競売に掛けられ、最高額で競り落とした裕福な徴税請負人が、その権利を獲得します。権利を獲得した徴税請負人が、「徴税人」たちを使って、同じユダヤ人から税を徴収しそれを集めてローマに納入する、という仕組みでした。

その際、元手が掛かっているものですから、いきおい規定額以上の徴収をするようになっていました。ザアカイはおそらくエリコ地方の税を取り立てる徴税請負人（徴税人の頭）だったのでしょう。同じユダヤ人から見ればローマの手先、売国奴であり、また規定以上に巻き上げて自分の懐に入れるのですから泥棒同然でした。しかもお金持ち。皆から疎んじられた存在であったことは間違いありません。

そんなザアカイが、エリコに来られたイエスさまのうわさを聞きました。そして、どんな人か見ようと思ったのです。

出会いの場所に向かって

ザアカイはなぜ、どんな人か見ようとしたのでしょうか。イエスが、徴税人レビを弟子にしたこと（ルカ5・27参照）をうわさに聞いていて、「われわれのような嫌われ者を弟子にするとは、一体どんな人なのだろう」と思ったのかもしれません。けれども、ザアカイは背が低かったので、群衆に遮られて見ることができませんでした。

背が「低かった」というところには「ミクロス」という単語が使われています。まったく類推の域を出ませんが、もしかしたらザアカイは、極端に背が低く、普通の人の半分くらいの背丈の人であったのかもしれません。小さい頃からそのことで、いろいろと嫌な思いをして、でもそのことをバネに、いつかは皆を見返してやろうと思い、努力を重ねて、今の地位まで登りつめた……のかもしれません。本当のところは分かりません。

しかしこの時、群衆に遮られて見ることができなかったザアカイは、いよいよ見たい気持ちが募ったのでしょう。立派な衣服で身を包んでいたに違いないザアカイは、人の目も忘れて走り、年甲斐もなく木にまで登ってしまいました。人々は心の中であざ笑ったことでしょう。

けれどもイエスさまは、その場所に来ると、上を見上げて「ザアカイ、急いで降りて来なさい。今日は、ぜひあなたの家に泊まりたい」と言われました。「その場所」とは、イエスさまとの出会いの特別な場所でした。

人につけ入らせまいと、普段は鎧で固められたようになっていたザアカイの心が、そこでは、イエスに向かって開いてしまいました。イエスさまはそれを見逃しません。上を見上げて「ザアカイ、急いで降りて来なさい。今日は、ぜひあなたの家に泊まりたい」と言われたのです。

救いは神の業

「ぜひ（あなたの家に泊まり）たい」という表現は、「（泊まら）なければならない」という、神からの必然を表す表現です。また「泊まる」とは根源的な一致を表すことばです。イエスさまは、「ザアカイの中に泊まり、住み、一つにならなければならない」、「『あなたはわたしの愛する子、わたしの心に適う者』と神から言われている真実に、あなたは出会わなければならない」、という強い望みと熱意をもって、ザアカイを呼ばれたのだと思います。ザアカイは急いで降りて来て、喜んでイエスを迎えました。

それを見た人たちは皆「あの人は罪深い男のところに行って宿をとった」とつぶやきました。しかし、ザアカイは立ち上がって、主に言いました。「主よ、わたしは財産の半分を貧しい人々に施します。また、だれかから何かだまし取っていたら、それを四倍にして返します」。

ザアカイは、イエスさまを迎え入れた時、自分のいのちの中心の

最も奥深くを、神さまが満たしてくださっているのだと知りました。神さまが一番になった時、財産をはじめ、すべては二番になりました。それがザアカイに訪れた救いでした。

「父よ、彼らをお赦しください。自分が何をしているのか知らないのです」（ルカ23・34）

十字架の意味は

街中を歩いていると、最近は男性でも女性でも、結構大勢の方の胸元に、十字架のネックレスがかけられていたり、十字架のペンダントが揺れていたりするのを目にします。「単なるファッションなのかなあ。何かお守りのような気持ちもあるのかなあ」と思ったりします。

では、わたしたちキリストを信じる者にとって、十字架とは一体何でしょうか。今日は、イエスさまが、ご生涯の最後に十字架の上で語られたことばを聞いて、そのことについて考えてみたいと思います。

（そのとき）ほかにも、二人の犯罪人が、イエスと一緒に死刑にされるために、引かれて行った。「されこうべ」と呼ばれている所に来ると、そこで人々はイエスを十字架につけた。犯罪人も、一人は右に一人は左に、十字架につけた。〔そのとき、イ

エスは言われた。「父よ、彼らをお赦しください。自分が何をしているのか知らないのです」〕。人々はくじを引いて、イエスの服を分け合った。民衆は立って見つめていた。議員たちも、あざ笑って言った。「他人を救ったのだ。もし神からのメシアで、選ばれた者なら、自分を救うがよい」。兵士たちもイエスに近寄り、酸いぶどう酒を突きつけながら侮辱して、言った。「お前がユダヤ人の王なら、自分を救ってみろ」。イエスの頭の上には、「これはユダヤ人の王」と書いた札も掲げてあった。

十字架にかけられていた犯罪人の一人が、イエスをののしった。「お前はメシアではないか。自分自身と我々を救ってみろ」。すると、もう一人の方がたしなめた。「お前は神をも恐れないのか、同じ刑罰を受けているのに。我々は、自分のやったことの報いを受けているのだから、当然だ。しかし、この方は何も悪いことをしていない」。そして、「イエスよ、あなたの御国においでになるときには、わたしを思い出してください」と言った。するとイエスは、「はっきり言っておくが、あなたは今日わたしと一緒に楽園にいる」と言われた（ルカ23・32〜43）。

十字架という場所

当時の人々にとって十字架刑とは、単に残酷な死であるばかりでなく、恥辱をも意味しました。なぜなら「木にかけられた者は呪われた者」（申命記21・23参照）と考えられていたからです。人々にとって十字架にかけられるということは、「救い」から遠くかけ離れた出来事でした。イエスがおられた十字架の上は、まさに「呪いの場所」でありました。

だから議員たちはあざ笑って、「神からのメシアで、選ばれた者なら、自分を救うがよい」と言ったのです。それは、「十字架から降りるがいい」という意味です。彼らの考える「救い」とは、十字架、すなわち直面している苦難から逃れることでした。

兵士たちも侮辱して、「お前がユダヤ人の王なら、自分を救ってみろ」と言いました。また、犯罪人の一人もイエスをののしって、「お前はメシアではないか。自分自身と我々を救ってみろ」と言いました。それは「自分自身と我々を十字架から降ろして、この苦難から解放してみろ」という意味でした。

しかし、イエスさまは十字架からお降りになりませんでした。それは、真の「救い」

とは、苦難から逃れることではなく、どんな状況にあっても、「すべての人と共におられる神を認めて生きること」であるからです。

「苦難にある者には救いがない」という誤った理解にとらわれているわたしたちを「救う」ために、イエスさまは、苦難の極致である十字架から「お降りにならなかった」のです。

すでに救いに結ばれて

イエスさまは十字架の上におられました。そこは人々から「呪いの場所」と見なされる所でした。しかし、イエスさまご自身はすでに「救い」に結ばれてそこにおられました。

もう一人の犯罪人に「はっきり言っておくが、あなたは今日わたしと一緒に楽園にいる」と言われたように、イエスさまご自身は、「今日」、すでに、「楽園」というところに結ばれて、そこにおられたのです。

イエスさまの言われる「楽園」とは、御国（みくに）、すなわち「神の国」のことです。神の国とは「神の支配」という意味です。神の支配とは、「すべての人を愛して、すべての人の中に、既に神が共におられる」という、「神の愛の計らい」のことです。その神の愛の計らいに「出会って生きること」、それこそが「救い」です。

出会って生きるとは、すべての人の中に、神が共におられると認めて生きることです。イエスさまはすでに「救い」を生きておられました。

十字架とはイエスのまなざし

「父よ、彼らをお赦しください。自分が何をしているのか知らないのです」。……イエスさまは十字架の上で、ご自分を殺そうとする者たちのためにこう祈られました。「自分が何をしているのか知らない」とは、「すべての人の中に、神さまが共におられるという真実を知らない」ということだと思います。彼らは知りませんでしたが、イエスさまは知っておられました。それで、「自分を殺そうとする者の中にも、父である神が共におられる」と認めて祈られたのだと思います。それが「救い」でした。この「救い」をご自分だけでなく、すべての人に与えるために、イエスさまは十字架からお降りにならなかったのです。

この後イエスさまは、「父よ、わたしの霊を御手にゆだねます」(23・46)と言って、ご自分をすっかり引き渡されます。すべての人の中に共におられる父である神の中に、ご自分を入れてくださったのです。

十字架とは「自分を殺そうとする者の中にも、神のいのちを見いだすイエスさまのまなざし」のことだと思います。このまなざしは今、わたしたち一人ひとりの中に復活しておられます。このまなざしと共に生きることを、「十字架を背負う」と言うのだと思います。

「メシアはこういう苦しみを受けて、栄光に入るはずだったのではないか」（ルカ24・26）

一緒に歩き始められた

今日の言葉は、復活されたイエスさまのことばです。苦しみに出会うとすぐに、「道を間違ってしまったのだろうか」と思ってしまうわたしたちのために、イエスさまは、はっきりとご自分の道を示して励ましてくださいました。

ちょうどこの日、二人の弟子が、エルサレムから六十スタディオン離れたエマオという村へ向かって歩きながら、この一切の出来事について話し合っていた。話し合い論じ合っていると、イエス御自身が近づいて来て、一緒に歩き始められた。しかし、二人の目は遮（さえぎ）られていて、イエスだとは分からなかった。イエスは、「歩きながらやり取りしているその話は何のことですか」と言われた。二人は暗い顔をして立ち止まった。その一人のクレオパという人が答えた。「エルサレムに滞在していながら、この数日そこで起こったことを、あなただけはご存じなかったのですか」。イエスが、「ど

んなことですか」と言われると、二人は言った。「ナザレのイエスのことです。この方は神と民全体の前で、行いにも言葉にも力のある預言者でした。それなのに、わたしたちの祭司長たちや議員たちは、死刑にするため引き渡して、十字架につけてしまったのです。わたしたちは、あの方こそイスラエルを解放してくださると望みをかけていました。しかも、そのことがあってから、もう今日で三日目になります。ところが、仲間の婦人たちがわたしたちを驚かせました。婦人たちは朝早く墓へ行きましたが、遺体を見つけずに戻って来ました。そして、天使たちが現れ、『イエスは生きておられる』と告げたと言うのです。仲間の者が何人か墓へ行ってみたのですが、婦人たちが言ったとおりで、あの方は見当たりませんでした」。そこでイエスは言われた。「ああ、物分かりが悪く、心が鈍く預言者たちの言ったことすべてを信じられない者たち、メシアはこういう苦しみを受けて、栄光に入るはずだったのではないか」。そして、モーセとすべての預言者から始めて、聖書全体にわたり、御自分について書かれていることを説明された。

一行は目指す村に近づいたが、イエスはなおも先へ行こうとされる様子だった。二人が、「一緒にお泊まりください。そろそろ

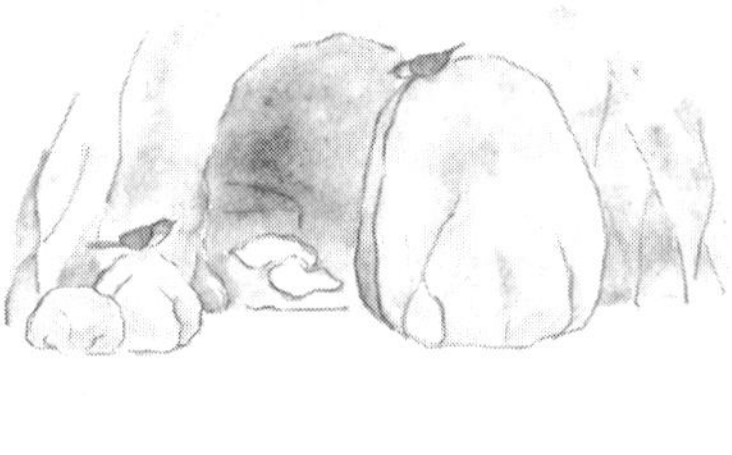

夕方になりますし、もう日も傾いていますから」と言って無理に引き止めたので、イエスは共に泊まるため家に入られた。一緒に食事の席に着いたとき、イエスはパンを取り、賛美の祈りを唱え、パンを裂いてお渡しになった。すると二人の目が開け、イエスだと分かったが、その姿は見えなくなった。二人は、「道で話しておられるとき、また聖書を説明してくださったとき、わたしたちの心は燃えていたではないか」と語り合った。そして、時を移さず出発して、エルサレムに戻ってみると、十一人とその仲間が集まって、本当に主は復活して、シモンに現れたと言っていた。二人も、道で起こったことや、パンを裂いてくださったときにイエスだと分かった次第を話した（ルカ24・13～35）。

二人の目は遮られていた

二人の弟子は「イエスこそイスラエルを解放してくださる」と望みをかけていました。しかし、イエスが死んで、彼らは自分たちの望みが絶たれたと思いました。けれどもわたしたちを解放するためにこそ、イエスは十字架の上で死なれたのです。「解放する」ということばはギリシャ語の「リュトロオー」で、「身代金を払って解放する」という意味です。わたしたちは囚われの身でした。なぜなら、世の滅びあるものに縛られて、神さまが共におられる真実に目を向けられないからです。

そのわたしたちを解放するために、イエスはご自分の命を身代金として十字架の上でささげてくださいました。そして「父よ、わたしの霊を御手にゆだねます」（ルカ23・46）と言って、ご自分のまなざしを、すべての人の中に入れてくださいました。

そのまなざしが、わたしたちを解放してくださいました。なぜならそのまなざしがわたしたちを、「すべての人の中に、神さまが共におられる真実」につないでくださるからです。人間の中に、神が共におられることを見るまなざしは、死んでも死なないのです。「イエスは生きておられる」のです。それが復活です。

「ちょうどこの日」すなわち復活の日、そのまなざしは、生きている人、死んだ人、すべての人の中に注がれ、すべての人間を新しくしました。エマオの出来事は、そのことが見えないわたしたちの物語です。

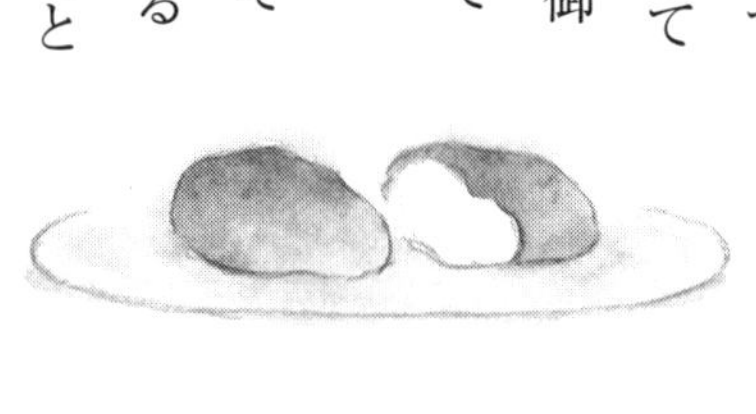

苦しみに驚かない

「ああ、物分かりが悪く、心が鈍く預言者たちの言ったことすべてを信じられない者たち、メシアはこういう苦しみを受けて、栄光に入るはずだったのではないか」。……（わたしは復活してすべての人と共にいる。もうすべての人のいのちを新しくしている。そのことに気づかないのか）。わたしたちはそう言われているのだと思います。

その後、主イエスは聖書の説明によってわたしたちの心を燃やします。そしてパンを取り、賛美の祈りを唱え、パンを裂いてお渡しになります。これは、わたしたちがいつも行っているミサのことです。

「すると二人の目が開け、イエスだと分かったが、その姿は見えなくなった」とあります。一体どうしてでしょうか。

一緒の向きで生きる

復活のイエスは、すべての人と共にいてくださるお方です。そのお方に出会うなら、一緒の向きで生きるいのちになります。イエスの姿が見えなくなるのは、そのためです。

イエスと一緒の向きで生きるなら、すべての人の中に神さまが共にいてくださる真実を認めて生きるようになります。それは苦しみを伴います。なぜなら、多くの場合、そうは思えないからです。

しかし、その歩みこそが二人と一緒に歩き始められたイエスの歩みなのです。

「何を求めているのか」（ヨハネ1・38）

「見よ、神の小羊だ」

今日の言葉は、ヨハネの福音書の中で最初に登場するイエスさまのことばです。わたしたちも同じように呼びかけられています。何と答えますか。

その翌日、また、ヨハネは二人の弟子と一緒にいた。そして、歩いておられるイエスを見つめて、「見よ、神の小羊だ」と言った。二人の弟子はそれを聞いて、イエスに従った。イエスは振り返り、彼らが従って来るのを見て、「何を求めているのか」と言われた。彼らが「ラビ――『先生』という意味――どこに泊まっておられるのですか」と言うと、イエスは、「来なさい。そうすれば分かる」と言われた。そこで、彼らはついて行って、どこにイエスが泊まっておられるかを見た。そしてその日は、イエスのもとに泊まった。午後四時ごろのことである。ヨハネの言葉を聞いて、イエスに従った二人のうちの一人は、シモン・ペトロの兄弟アンデレであった。彼は、まず自分の兄弟シモンに会って、「わたしたちはメシア――『油を注がれた者』という意味――に出会っ

た」と言った。そして、シモンをイエスのところに連れて行った。イエスは彼を見つめて、「あなたはヨハネの子シモンであるが、ケファ――『岩』という意味――と呼ぶことにする」と言われた（ヨハネ1・35～42）。

表面的な意味・深い意味

冒頭に登場する「ヨハネ」は、洗礼者ヨハネのことです。ヨハネは歩いておられるイエスを見つめて、「見よ、神の小羊だ」と言いました。本当に従うべきお方に出会うと、ヨハネはためらうことなく自分の弟子をそのお方に向かわせました。自分の弟子を、自分のところに留め置くことをしません。真の指導者です。

イエスは振り返り、彼らが従って来るのを見て、「何を求めているのか」と言われました。これこそヨハネ福音書の最初の問い、すべての人間へのイエスさまからの問いかけです。「何を求めているのか」、……わたしたちは何と答えましょうか。

弟子たちの答えは「ラビ、どこに泊まっておられるのですか」というものでした。この問いは単純に捉えるならば、「先生、お住まいはどちらですか」という意味になります。イエスさまは、「来なさい。そうすれば分かる」と言われ、弟子たちはついて行って、イエスさまのお住まいがどこにあるのかを見た、ということになります。

しかし、この言葉にはもっと奥深い意味が隠されています。「泊まる」と訳されている言葉は、ギリシャ語の「メノー」ですが、この言葉はヨハネ福音書の「キーワード中のキーワード」と言ってもよい言葉です。文脈によって、「とどまる」「つながる」「いっしょにいる」などと訳される、「根源的な一致」を表す言葉なのです。

一つの言葉に、表面的な意味と、より奥深い意味を持たせ、読者をより深い真理へと誘おうとする書き方は、ヨハネ福音書の一つの特色です。

「どこに泊まっておられるのですか」

この問いの深い意味は、イエスさまの存在の根源に向けられています。「あなたさまは、どこにつながっておられるお方なのですか」、「あなたさまがあなたさまのようであられる、その根源は一体何なのですか」、「あなたさまのそのいのちは、どこから来るのですか」……そんな問いなのだと言うことができます。

イエスさまは「来なさい。そうすれば分かる」と言われました。イエスさまがつながっておられるそのいのちを、わたしたちが知るためには、まず「一緒に行く」ことが必要です。

弟子たちはついて行って、どこにイエスさまが泊まっておられるかを見ました。イエスさまが結ばれ、つながれ、そこにとどまっておられる「お方」を弟子たちは知り、そして彼らもそのお方につながれ、結ばれたのです。「午後四時ごろのことであった」とあります。

エマオの二人の弟子が、イエスと共に泊まるために家に入ったのも夕刻のことでした。そしてイエスがパンを裂いてお渡しになったとき、二人の目が開け、イエスだと分かりましたが、その姿は見えなくなりました（ルカ24章参照）。それは、深く出会って、一緒の向きで生きるいのちになったからだと思います。

救いを求めてほしい

イエスに出会ったエマオの弟子たちは、この出来事を皆に告げるために大急ぎでエルサレムに戻りました。同じように今日の福音では、イエスに出会ったアンデレも、まず、自分の兄弟シモン（ペトロ）のところに行き、「わたしたちはメシアに出会った」と言いました。そしてシモンをイエスのところに連れて行きました。イエスさまはシモンを見つめて、「あなたはヨハネの子シモンであるが、ケファ――『岩』という意味――と呼ぶことにする」と言われました。岩には「神のことばを聞き、それを行う」という響きがあるようです（マタイ7・24参照）。

「何を求めているのか」、……そう問われたイエスさまご自身は、すべての人の「救い」を求めておられます。救いとはわたしたちが、すべての人の中に神が共におられるという真実に「出会う」ことです。

イエスさまは、すべての人の中に神が共におられる真実に出会っておられます。そして、今や復活してすべての人と共にいてくださいます。ですからわたしたちは、そのイエスさまと一緒の向きで生きる時、すべての人の中に神が共におられる真実を認めて生きる者となります。イエスさまはそのことがおできになります。それでイエスさまは「救い主」と呼ばれるのです。

「何を求めているのか」、……（わたしと一緒に生きたい。すべての人の中に、神が共におられる真実を認めて生きたい、と願い求めてほしい……）。イエスさまはそう願って問われているのではないかと思います。

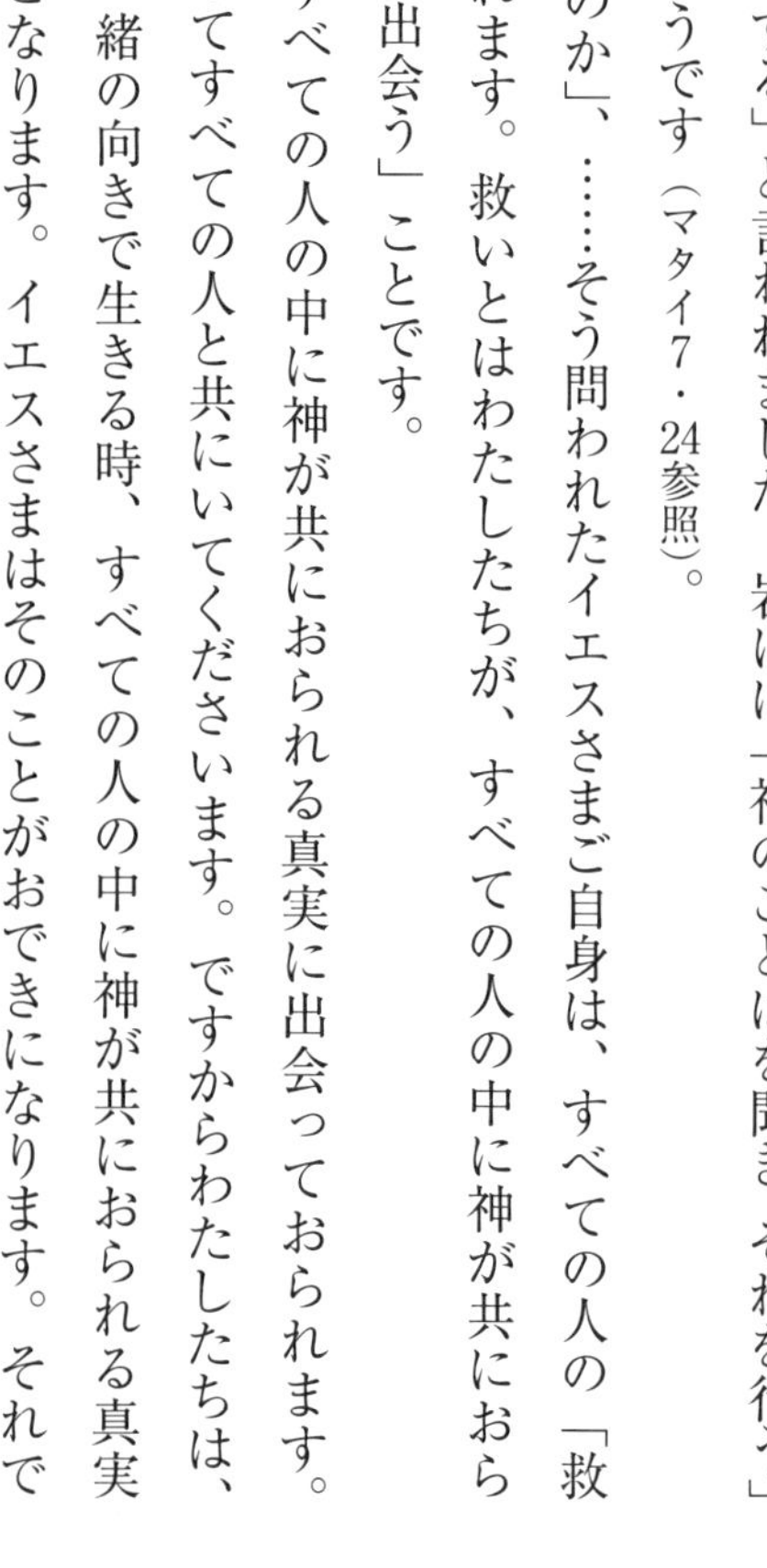

「わたしの時はまだ来ていません」（ヨハネ2・4）

最初のしるし

わたしたちは、すぐにいろいろなものがなくなってしまったり、足りなくなってしまったりします。しかし、それを満たしてくださる方がおられます。信頼のうちにイエスさまのことばに耳を傾けてみましょう。

三日目に、ガリラヤのカナで婚礼があって、イエスの母がそこにいた。イエスも、その弟子たちも婚礼に招かれた。ぶどう酒が足りなくなったので、母がイエスに、「ぶどう酒がなくなりました」と言った。イエスは母に言われた。「婦人よ、わたしとどんなかかわりがあるのです。わたしの時はまだ来ていません」。しかし、母は召し使いたちに、「この人が何か言いつけたら、そのとおりにしてください」と言った。そこには、ユダヤ人が清めに用いる石の水がめが六つ置いてあった。いずれも二ないし三メトレテス入りのものである。イエスが、「水がめに水をいっぱい入れなさい」と言われると、召し使いたちは、かめの縁まで水を満たした。イエスは、「さあ、それ

をくんで宴会の世話役のところへ持って行きなさい」と言われた。召し使いたちは運んで行った。世話役はぶどう酒に変わった水の味見をした。このぶどう酒がどこから来たのか、世話役は知らなかったので、花婿を呼んで言った。「だれでも初めに良いぶどう酒を出し、酔いがまわったころに劣ったものを出すものですが、あなたは良いぶどう酒を今まで取って置かれました」。イエスはこの最初のしるしをガリラヤのカナで行って、その栄光を現された。それで、弟子たちはイエスを信じた（ヨハネ2・1〜11）。

ぶどう酒がなくなりました

当時のユダヤ人たちの婚宴は通常でも二〜三日。場合によってはお酒の続くかぎり一週間にも及ぶことがあったようです。

ところがどうした手違いか、早々にぶどう酒がなくなってしまいました。それは喜びの終焉（しゅうえん）であり、婚宴を催した家の大失態でした。このことは、結婚生活を始めたばかりの二人にとって、生涯にわたってつきまとう不名誉ともなりかねません。

いち早く状況を察知したイエスの母は、窮状をイエスに告げます。しかし、イエスの答えは、「婦人よ、わたしとどんなかかわりがあるのです。わたしの時はまだ来ていません」というすげないものでした。

けれども、母は召し使いたちに、「この人が何か言いつけたら、そのとおりにしてください」と言いました。この母の取りなしと絶対的な信頼が、イエスのガリラヤのカナでの最初のしるしへと、つながっていきました。

「婦人よ」という呼びかけ

ところで、イエスの母への「婦人よ」という呼びかけは不思議で、少なくない数の方が違和感を覚えられたに違いありません。しかし、この呼びかけにヨハネ福音書の神学が表れていると言われています。

ヨハネ福音書に「イエスの母」が登場するのは、実は二回だけです。この箇所と、イエスの十字架のもとに立たれる（9・25参照）という場面の二回です。そのどちらも「イエスの母」と表現されており、そこには「マリア」という名前はありません。そしてどちらの場面でも、イエスは母に向かって「婦人よ」と呼びかけておられます。

ヨハネ福音書は、イエスの母マリアを、ただ一人の息子の母ということにとどまらない、「より大きな使命をもった女性」として見ています。イエスは、言わば「新しいエバ」となるべき大きな使命をもったお方として、母に「婦人よ」と呼びかけておられるのです。

この場面では、イエスは母に対して、「婦人よ、わたしとどんなかかわりがあるのです。わたしの時はまだ来ていません」と言っておられます。ヨハネ福音書の中で「わたしの時」とは「十字架の時」のことだからです。十字架の死と復活という栄光の時が「わたしの時」です。

その時にもイエスは母に、「婦人よ」と呼びかけます。そしてその時には母に、「はっきりとした新しい使命」をおゆだねになります。そのことはまた、後日お話しすることにいたしましょう。

カナの婚礼・救いの先駆け

「わたしの時」とは十字架の時。それはまだ来ていません。しかし、「この人が何か言いつけたら、そのとおりにしてください」という、母の絶対的な信頼の言葉に、イエスさまは動かされないわけにはいきませんでした。

ユダヤ人が清めのために用いる石の水がめが六つ、「いずれも二ないし三メトレテス入り」とあります。三メトレテスとは約一二〇リットル。その六倍は七二〇リットルです。

イエスが、「水がめに水をいっぱい入れなさい」と言われたので、召し使いたちはかめの縁まで水を満たしました。そしてイエスが、「さあ、それをくんで宴会の世話役のところへ持って行きなさい」と言われたので、召し使いたちは運んで行きました。それは最良の、そして大量のぶどう酒となっていました。その量、ワインボトルにしてざっと千本分です。

ユダヤ人は食事の前に体を洗い、宗教的に身を清めました。しかしそのことは、人間の内側まで清めることはできませんでした。しかしイエスさまは、ユダヤ人の清めの水を、人間を内側から喜びで満たしてくれる、最良のぶどう酒に変えてくださったのです。

ユダヤ教によっては決して到達できなかった「救い」をもたらす力のある方として、イエスはガリラヤのカナでその栄光を現されました。しかし、その本当の栄光は「わたしの時」、十字架の死と復活を通して現されることになるのです。

「この神殿を壊してみよ。三日で建て直してみせる」（ヨハネ2・19）

父の家を思う熱意

カナでの婚礼で、ユダヤ人の清めの水を良質のぶどう酒に変えられたイエスさまは、ユダヤ人の神殿で行われていた形骸化された礼拝をも、まったく新しいものに変えようとなさいました。神と人とを愛する火のような熱意から語られた、イエスさまのことばに耳を傾けてみましょう。

◇

ユダヤ人の過越祭が近づいたので、イエスはエルサレムへ上って行かれた。そして、神殿の境内で牛や羊や鳩を売っている者たちと、座って両替をしている者たちを御覧になった。イエスは縄で鞭(むち)を作り、羊や牛をすべて境内から追い出し、両替人の金をまき散らし、その台を倒し、鳩を売る者たちに言われた。「このような物はここから運び出せ。わたしの父の家を商売の家としてはならない」。弟子たちは、「あなたの家を思う熱意がわたしを食い尽くす」と書いてあるのを思い出した。ユダヤ人たちはイエスに、「あなたは、こんなことをするからには、どんなしるしをわたしたちに見せるつもりか」と言った。イエスは答えて言われた。「この神殿を壊してみよ。三日で建て直してみせる」。それでユダヤ人たちは、「この神殿は建てるのに四十六年もかかったのに、あなたは三日で建て直すのか」と言った。イエスの言われる神殿とは、御自分の体のことだったのである。イエスが死者の中から復活されたとき、弟子たちは、イエスがこう言われたのを思い出し、聖書とイエスの語られた言葉とを信じた（ヨハネ2・13〜22）。

神殿・神の家

今日の箇所の舞台となっている、神殿という場所について、少し説明しておきましょう。神殿とは、神がお住みになり、現存される場所と考えられていた聖所で、ユダヤ教の礼拝の中心でした。そこでだけ、神に喜ばれるいけにえがささげられ、神の赦しが受けられると理解されていました。そこに近づくことは厳重に規制されていました。

今日の福音書に登場する「神殿」とは、紀元前五一六年に完成した「第二神殿」をヘロデ大王（前三七〜三四年）が大改修・増築したもので、エルサレムの高台に位置していました。敷地全体は五百メートル×三百メートルと広大で、重層構造になっていました。

一番外側が「神殿の境内」と呼ばれるエリアで、ここは異邦人でも、だれでも入ることができました。西側の奥に一段高くなったエリアがあり、「女子の庭」と呼ばれ、そこはユダヤ人しか入れませんでした。さらにその奥が一段高くなっていて、「男子の庭」と呼ばれていました。その先がまた一段高くなっており、そこは祭司のみが入れる「祭司の庭」という聖所でした。そして最後にさらに高い場所に「至聖所」があり、その前には垂れ幕がかかっていました。そこは、大祭司だけが年に一度だけ入ることのできる場所でした。

今日の福音の舞台の「神殿の境内」は敷地全体の四分の三を占める最も広い場所で、そこでは、いけにえにささげるための動物が売られていました。その動物を購入するにはシェケルという硬貨しか使えなかったので、そのための両替商が、何人も机を並べていたのです。

イエスさまの挑戦

それをご覧になったイエスさまは、縄で鞭を作り、羊や牛をすべて境内から追い出し、両替人の金をまき散らし、その台を倒し、鳩を売る者たちに、「このような物はここから運び出せ」と言われました。イエスさまがこのようなことをなさったのは、「わたしの父の家を商売の家としてはならない」ということばから分かるように、父の家を思う火のような熱意からでした。

ところで、ここでなされていた動物の売買や、貨幣の交換は、神殿の宗教的機能にとって、当たり前で必要な活動です。観光客のためのお土産品が売り買いされていたのではないのです。

お金なしに清い動物を買うことはできません。動物なしに、いけにえはなく、いけにえなしには罪の償いも、赦しの保証もありません。しかし、その一切をイエスさまはお許しにならなかったのです。

イエスさまは一体、何をなさったのでしょうか。それは神殿という巨大な制度そのものへの挑戦だったのだと思います。なぜならイエスさまの知っておられるおん父は、石の建物の中に住んで、人を寄せつけないようなお方ではなく、初めからわたしたちの中に住み、共にいてくださるお方だからです。

霊と真理による新しい礼拝

イエスさまは、サマリアの女性との対話の中で、サマリアの女性に向かって、「あなたがたがこの山（ゲリジム山：サマリア人の神殿があった）でも、エルサレム（ユダヤ人の神殿）でもない所で、父を礼拝する時が来る」（ヨハネ4・21参照）と言われます。イエスさまは、まったく新しいおん父の礼拝をお始めになろうとしておられるのです。続けて言われます。「まことの礼拝をする者たちが、霊と真理をもって父を礼拝する時が来る。今がその時である」（同23）、「神は霊である。だから、神を礼拝する者は、霊と真理をもって礼拝しなければならない」（同24）。

まことの礼拝をすることができるのは、イエスさまお一人です。イエスさまはご自分の内にも、すべての人の内にも、おん父がお住まいになっておられることをご存じでした。「霊と真理」とは、すべての人が、神がお住まいになる神殿であることを知る、ご自分のまなざしのことです。このまなざしをもって、お互いの内にお住まいになっておられる父を礼拝すること。これこそが霊と真理による新しい礼拝です。

「この神殿を壊してみよ。三日で建て直してみせる」。……イエスさまが十字架の上で死なれた時、神と人とを隔てていた「神殿の垂れ幕が上から下まで真っ二つに裂け」（マルコ15・38）ました。そして三日目に霊と真理をすべての人の中に入れてくださった時、弟子たちは、イエスの言われる神殿とは、ご自分の体のことだったのだと分かったのです。

「この人たちに食べさせるには、どこでパンを買えばよいだろうか」（ヨハネ6・5）

欲しいだけ分け与えられた

イエスが五千人にパンをお与えになる出来事は、四つの福音書すべてに書かれています。しかし、イエスご自身が直接人々にパンを配られたと書いているのは、ヨハネ福音書だけです。ヨハネ福音書は、この出来事に「最後の晩餐」、そして「ミサ」との深いつながりを見いだしているようです。イエスさまのことばを聞いてみましょう。

◇

その後、イエスはガリラヤ湖、すなわちティベリアス湖の向こう岸に渡られた。大勢の群衆が後を追った。イエスが病人たちになさったしるしを見たからである。イエスは山に登り、弟子たちと一緒にそこにお座りになった。ユダヤ人の祭りである過越祭が近づいていた。イエスは目を上げ、大勢の群衆が御自分の方へ来るのを見て、フィリポに、「この人たちに食べさせるには、どこでパンを買えばよいだろうか」と言われたが、こう言ったのはフィリポを試みるためであって、御自分では何をしようとしているか知っておられたのである。フィリポは、「めいめいが少しずつ食べるためにも、二百デナリオン分のパンでは足りないでしょう」と答えた。弟子の一人で、シモン・ペトロの兄弟アンデレが、イエスに言った。「ここに大麦のパン五つと魚二匹とを持っている少年がいます。けれども、こんなに大勢の人では、何の役にも立たないでしょう」。イエスは、「人々を座らせなさい」と言われた。そこには草がたくさん生えていた。男たちはそこに座ったが、その数はおよそ五千人であった。さて、イエスはパンを取り、感謝の祈りを唱えてから、座っている人々に分け与えられた。また、魚も同じようにして、欲しいだけ分け与えられた。人々が満腹したとき、イエスは弟子たちに「少しも無駄にならないように、残ったパンの屑を集めなさい」と言われた。集めると、人々が五つの大麦パンを食べて、なお残ったパンの屑で、十二の籠がいっぱいになった。そこで、人々はイエスのなさったしるしを見て、「まさにこの人こそ、世に来られる預言者である」と言った。イエスは、人々が来て、自分を王にするために連れて行こうとしているのを知り、ひとりでまた山に退かれた（ヨハネ6・1〜15）。

どこでパンを買えばよいだろうか

「どこから」「どこへ」、そして「どこで」という問いは、ヨハネ福音書が好んで用いる問いです。その問いは、イエスというお方が究極的につながっておられる「父である神」という本源へとわたしたちを誘います。

今日の福音でもイエスさまは、大勢の群衆が御自分の方へ来るのを見て、フィリポに、「この人たちに食べさせるには、どこでパンを買えばよいだろうか」と言われました。

続く言葉、「こう言われたのはフィリポを試みるためであって、御自分では何をしようとしているか知っておられたのである」を聞くと、何かイエスさまが意地悪な方のように感じるかもしれませんが、決してそうではありません。これは、「わたしは、天から降って来た生きたパンである。このパンを食べるならば、その人は永遠に生きる」（6・51）という真実に、フィリポをしっかりと出会わせるための「チャレンジ」なのです。

従ってきた群衆は、「男たちは（中略）およそ五千人」とあります。当時は人を数える時、女性や子どもは頭数に入れなかったので、きっとその倍以上の数の群衆が押し寄せていたに違いありません。フィリポは、「めいめいが少

しずつ食べるためにも、二百デナリオン分のパンでは足りないでしょう」と言いました。

一デナリオンは、一日分の給料の額です。「『どこで買えば？』って、皆に食べさせるために十分なパンは二百日分の給料の額でも足りません。そしてそんなお金はどこにもありません」。……フィリポはもしかしたら「そんなのは無理です」と憤慨していたのかもしれませんね。

大麦のパン五つと、魚二匹を持っている少年を連れてきたアンデレも、「こんなに大勢の人では、何の役にも立たないでしょう」と言いました。

パンを分け与えられるイエス

しかしイエスさまは、人々を青草の上に座らせ、感謝の祈りを唱えてから、持っていたパンのすべてを人々に分け与えられました。人々が満腹したとき、イエスさまは弟子たちに、「少しも無駄にならないように、残ったパンの屑を集めなさい」と言われました。集めると十二の籠がいっぱいになりました。

イエスさまは、皆にパンをお与えになりました。しかし後にすべての人を天の父のいのちにつなぐために、ご自分の命をお与えになられるのです。

最後の晩餐からミサへ

さて、ヨハネ福音書ではこの後、イエスさまとユダヤ人と対話が続き、パンの出来事の意味が解き明かされていきます。それは16節から71節まで延々と続きます。しかしユダヤ人は信じることができません。

「朽ちる食べ物のためではなく（中略）永遠の命に至る食べ物のために働きなさい」（6・27）、「わたしが命のパンである」（同35）、「わたしが与えるパンとは、世を生かすためのわたしの肉のことである」（同51）、「わたしの肉を食べ、わたしの血を飲む者は、永遠の命を得、わたしはその人を終わりの日に復活させる」（同54）。

パンの出来事の意味の解き明かしは、次第に最後の晩餐の出来事そのものと重なり、その意味の解き明かしとなっていきます。そのためヨハネ福音書は、最後の晩餐で、パンを裂くイエスの姿を重ねて描くことはせず、代わりに弟子の足を洗うイエスの姿が描かれているのだと言われています。

「パンの屑」と訳されているギリシャ語の「クラスマ」という

単語は、初期キリスト教文学では、「聖体」を表すための特別な用語です。ヨハネ福音書はパンの出来事の中に、ミサの意味をも見ています。

「わたしもあなたを罪に定めない」（ヨハネ8・11）

訴える口実を得るために

イエスさまの前に、律法の掟を破った一人の女性が引き出されました。それは、イエスさまを罠にかけるための策略でした。しかし、イエスさまのまなざしは、罠や策略をはるかに超えて、人間の中におられる神の真実に向かっていました。イエスさまのことばに耳を傾けてみましょう。

◇

（イエスは）朝早く、再び神殿の境内に入られると、民衆が皆、御自分のところにやって来たので、座って教え始められた。そこへ、律法学者たちやファリサイ派の人々が、姦通の現場で捕らえられた女を連れてきて、真ん中に立たせ、イエスに言った。「先生、この女は姦通をしているときに捕まりました。こういう女は石で打ち殺せと、モーセは律法の中で命じています。ところで、あなたはどうお考えになりますか」。イエスを試して、訴える口実を得るために、こう言ったのである。イエスはかがみ込み、指で地面に何か書き始められた。しかし、彼らがしつこく問い続けるので、イエスは身を起こして言われた。「あなたたちの中で罪を犯したことのない者が、まず、この女に石を投げなさい」。そしてまた、身をかがめて地面に書き続けられた。これを聞いた者は、年長者から始まって、一人また一人と、立ち去ってしまい、イエスひとりと、真ん中にいた女が残った。イエスは、身を起こして言われた。「婦人よ、あの人たちはどこにいるのか。だれもあなたを罪に定めなかったのか」。女が、「主よ、だれも」と言うと、イエスは言われた。「わたしもあなたを罪に定めない。行きなさい。これからは、もう罪を犯してはならない」（ヨハネ8・2〜11）。

イエスさまの背中は祈り

今日の物語の中で、きわめて印象的なのは、かがみ込み、指で地面に何かを書き続けられるイエスさまのお姿ではないでしょうか。「一体何をなさっているのか」「何を書いておられたのか」、昔からいろいろな解釈があるようです。わたしはここに、イエスさまというお方の人柄がよく現れているように思います。

神殿の境内で教えるイエスさまの周りには、おそらく話を聞く人たちの輪ができていたに違いありません。そこに「姦通の現場で捕らえられた女」が連れて来られ、真ん中に立たされたのです。早朝のこと、着の身着のままだったかもしれません。きっとイエスさまは、その人をじろじろ見たりすることはなさらなかったと思います。

しかし、律法学者たちやファリサイ派の人々は、「こういう女は石で打ち殺せと、モーセは律法の中で命じています。ところで、あなたはどうお考えになりますか」と容赦がありません。イエスさまはかがみ込み、指で地面に何か書き始められました。

地面を指でなぞりながらイエスさまは、この女の人にも、律法学者たちにもファリサイ派の人々にも、周りを囲む聴衆の一人ひとりにも、みんな神さまが共にいてくださるという真実を見つめ、祈っておられたのではないかと思います。

巧妙な罠

しかし、訴える口実をつかもうとする彼らは引き下がりません。イエスさまが、「律法に従って石を投げなさい」と言えば、当時ユダヤ人に死刑を行う権利を認めていなかった、ローマ皇帝への反逆罪と訴えることができました。また、「石を投げてはいけない」と言えば、律法を守らない偽教師と吹聴することができました。それはどちらに答えても、イエスさまに不利になるように仕組まれた罠でした。

あまりしつこく問い続けるので、イエスさまは身を起こして「あなたたちの中で罪を犯したことのない者が、まず、この女に石を投げなさい」と言われ、また、身をかがめて地面に書き続けられました。すると、年長者から始まって、一人また一人と立ち去ってしまいました。

人はだれでも年齢を重ねていくと、「自分には罪がないなどとは決して言えない」、ということが分かってきます。最後に、イエスさまひとりと、真ん中にいた女性が残りました。

逃れることのできない方の前に

人々が一人また一人と立ち去って行ったとき、イエスさまはずっと下を向いておられたのですから、この女性も立ち去ることができたはずです。でもそうしませんでした。きっと、(この方からは逃げることができない)と分かったのだと思います。

想像の域を出ませんが、律法学者やファリサイ派の人々が連行してきた、「姦通の現場で捕らえられた女」は、おそらくその素性からも職業からも、人から軽んじられていたような人ではないかと思われます。もしかしたら、人々の真ん中に立たされた時も、半ば開き直ったような態度であったのかもしれません。

「律法がわたしに食べさせてくれるとでも言うのかい。どうにでもするがいいさ」。そんな思いで、ファリサイ派の人々の議論を、どこか遠くのこととして聞いたかもしれません。

しかし、身をかがめて指で地面をなぞり、無防備に背中を見せておられるこの方、皆に、「罪を犯したことのない者が、まず、この女に石を投げなさい」と言われたこの方。このお方の前に立つとだれも「自分に罪はない」とは言えなくなる。この方こそ、本当に人を裁くことのできるお方ではなかろうか。

二人きりになった時、イエスさまは、身を起こして言われました。「婦人よ、あの人たちはどこにいるのか。だれもあなたを罪に定めなかったのか」。女性が、「主よ、だれも」と言うと、イエスさまは言われました。「わたしもあなたを罪に定めない」。

罪とは「的外れ」のことです。的外れとは人間の中に共にお

られる神を認めないことです。イエスを「主よ」と呼んだ時、この女性の的外れは、向かうべき的に結ばれて一つになりました。

「行きなさい。これからは、もう罪を犯してはならない」。イエスさまはこの女性に、「これからは人の中に、神を認めて生きるのだよ」と言われたのです。

「わたしは、世にいる間、世の光である」（ヨハネ9・5）

すべての人は、神さまに愛された子ども。神さまが一人ひとりの中にお住まいです。そのことが見えるようになるように、今日もイエスさまは呼びかけてくださいます。イエスさまのことばを聞いてみましょう。

神の業（わざ）が現れるため

さて、イエスは通りすがりに、生まれつき目の見えない人を見かけられた。弟子たちがイエスに尋ねた。「ラビ、この人が生まれつき目が見えないのは、だれが罪を犯したからですか。本人ですか。それとも、両親ですか」。イエスはお答えになった。「本人が罪を犯したからでも、両親が罪を犯したからでもない。神の業がこの人に現れるためである。わたしたちは、わたしをお遣わしになった方の業を、まだ日のあるうちに行わねばならない。だれも働くことのできない夜が来る。わたしは、世にいる間、世の光である」。こう言ってから、イエスは地面に唾をし、唾で土をこねてその人の目にお塗りになった。そして、「シロアム――『遣わされた者』という意味――の池に行って洗いなさい」と言われた。そこで、彼は行って洗い、目が見えるようになって、帰って来た。近所の人々や、彼が物乞いであったのを前に見ていた人々が、「これは、座って物乞いをしていた人ではないか」と言った。「その人だ」と言う者もいれば、「いや違う。似ているだけだ」と言う者もいた。本人は、「わたしがそうなのです」と言った。そこで人々が、「では、お前の目はどのようにして開いたのか」と言うと、彼は答えた。「イエスという方が、土をこねてわたしの目に塗り、『シロアムに行って洗いなさい』と言われました。そこで、行って洗ったら、見えるようになったのです」。人々が、「その人はどこにいるのか」と言うと、彼は「知りません」と言った（ヨハネ9・1〜12）。

神の業とは

イエスさまの時代には、病気、障害、災害、貧困などの「一般的に災いと思われることがら」は、神に対して犯した罪の罰と考えられていました。しかも、それは本人だけでなく、家族や先祖のだれかが犯した罪の罰の結果だと考えられました。弟子たちが「この人が生まれつき目が見えないのは、だれが罪を犯したからですか」と質問しているのはそのためです。

しかしイエスさまは、まったくそういう考えにお立ちになりません。はっきりと、「本人が罪を犯したからでも、両親が罪を犯したからでもない。神の業がこの人に現れるためである」と宣言なさいます。そしてその宣言が真実であることを、行いをもって示されたのです。

ところで、イエスさまが言われた、「神の業がこの人に現れるためである」ということばの「神の業」とは、一体何を指すのでしょうか。多くの方は「生まれつき目の見えない者の視力が回復すること」とお考えになるかもしれません。しかし、実はそうではありません。ここで言う「神の業」とは、「肉眼の目を開いてくださった方が一体どなたであるのかが見えるようになり、そしてそのお方を信じて生きるようになる」ということです。

今日は9章12節までしか読んでいませんが、この物語は延々と41節まで続きます。「肉眼の目が開かれた」（9・7）のは物語の結論ではなく、スタートです。この後「目を開けてくれた方がだれであるのか」に出会う旅が始まっていきます。

問われながら、答えながら

人々が「その人はどこにいるのか」と言うと、彼は「知りません」と言いました。これはヨハネ福音書独特の言い回しで、「目を開けてくれたイエスは、あなたにとってだれなのだ？」という問いかけです。彼は「知りません」と答えました。つまり、最初は分からなかったのです。

しかしこの後、物語では「目を開けてくれた方がだれであるのか」について、理解が少しずつ深まっていきます。どのようにして深まっていったのでしょうか。それは、人に「問われる」ことによって、そして人に「答える」ことによってです。

イエスがこの人の目を開けたのが安息日のことであったので、ファリサイ派の人々は「この人は安息日を守らないから、神のもとから来た者ではない」と言いました。しかし、「お前はあの人をどう思うのか」と問われた時、彼は「あの方は預言者です」と答えるようになりました。

その後、まるで宗教裁判のように、生まれつき目が見えなかった人の両親まで呼び出されて尋問され、彼は再度ユダヤ人たちに出頭を命じられます。

「神の前で正直に答えなさい。わたしたちは、あの者が罪ある人間だと知っているのだ」と、自白を強要するようなユダヤ人に対し、彼は、「あの方が罪人かどうか、わたしには分かりません。ただ一つ知っているのは、目の見えなかったわたしが、今は見えるということです」と答えます。

そして最後に、「あの方が神のもとから来られたのでなければ、何もおできにならなかったはずです」と告白した時、ユダヤ人たちは「お前は全く罪の中に生まれたのに、我々に教えようというのか」と言い返し、彼をユダヤ教社会から追放してしまいました。

イエスのまなざしで生きる

彼が追放されて一人きりになった時、イエスが彼に出会って、「あなたは人の子を信じるか」と言われました。彼が、「主よ、その方はどんな人ですか。その方を信じたいのですが」と言うとイエスは、「あなたは、もうその人を見ている。あなたと話しているのがその人だ」と言われました。「見ている」とは、「イエスがだれであるかを見ること」、つまり「神のもとから来られた方」と知ることです。そしてその方を信じる時、一緒のまなざしで生きる者になります。

ユダヤ人は人の中に罪を見ましたが、イエスさまは人の中に、神のいのちを見ました。この人は信じて、人の中に神のいのちを見て生きる人になりました。

「あなたがたに新しい掟を与える。互いに愛し合いなさい」（ヨハネ13・34）

弟子たちに遺したことば

最後の晩餐の時、イエスさまは弟子たちを愛して、この上なく愛し抜かれました。そして食事の席から立ち上がって、弟子たち一人ひとりの足を洗い始められました。洗い終わってからイエスさまは、「あなたがたのうちの一人がわたしを裏切ろうとしている」と弟子の裏切りを予告されます。今日のことばは、その後に語られたことばです。

◇

さて、ユダが出て行くと、イエスは言われた。「今や、人の子は栄光を受けた。神も人の子によって栄光をお受けになった。神が人の子によって栄光をお受けになったのであれば、神も御自身によって人の子に栄光をお与えになる。しかも、すぐにお与えになる。子たちよ、いましばらく、わたしはあなたがたと共にいる。あなたがたはわたしを捜すだろう。『わたしが行く所にあなたたちは来ることができない』とユダヤ人たちに言ったように、今、あなたがたにも同じことを言っておく。あなたがたに新しい掟を与える。互いに愛し合いなさい。わたしがあなたがたを愛したように、あなたがたも互いに愛し合いなさい。互いに愛し合うならば、それによってあなたがたがわたしの弟子であることを、皆が知るようになる」（ヨハネ13・31〜35）。

やがて訪れる恵みを前提として

「今や、人の子は栄光を受けた」とイエスさまが言われた「今」とは、ユダが出て行った時のことです。ユダが出て行ったのは、イエスをユダヤ人たちに引き渡すためでした。つまりイエスさまは、ご自分の死がもはや決定的なものとなった時である「今」、「人の子は栄光を受けた」と言われたのです。

「栄光を受ける」とは、その人のその人らしさが最大限に現されることです。死によって最大限に現されるイエスの「その人らしさ」とは何でしょうか。それは、ご自分が「神のもとから来て、神のもとに帰る」（ヨハネ13・3参照）お方であるというこ

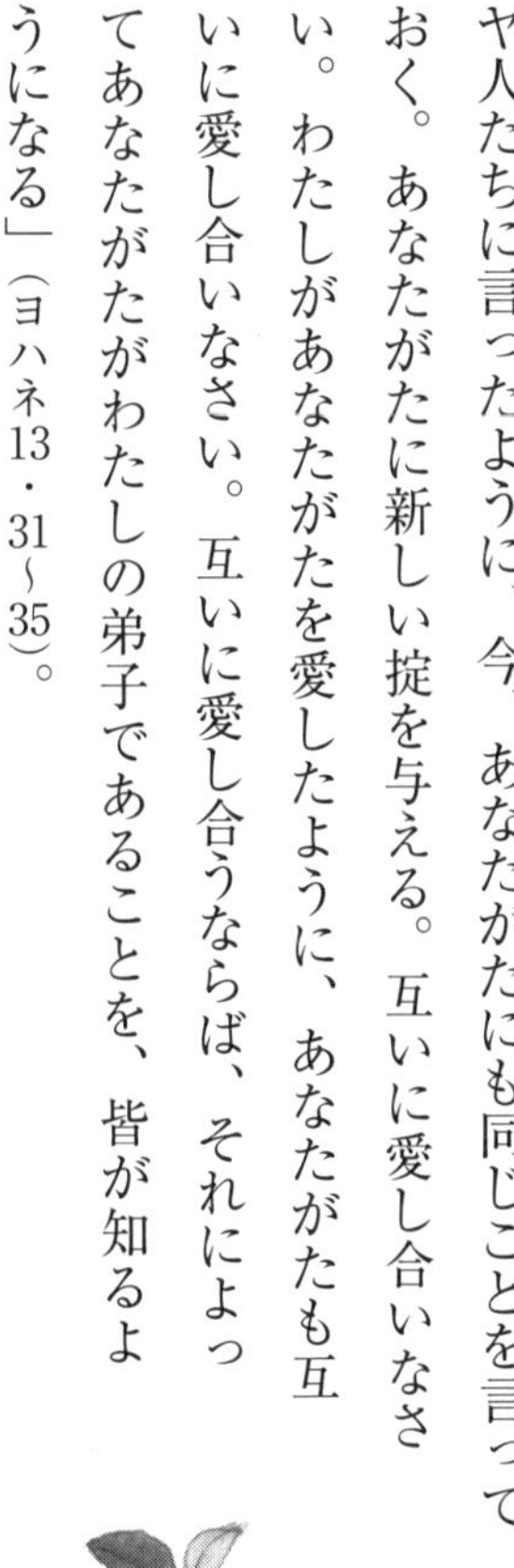

とだと思います。

「あなたがたはわたしを捜すだろう。『わたしが行く所にあなたたちは来ることができない』とユダヤ人たちに言ったように、今、あなたがたにも同じことを言っておく」とイエスは弟子たちに言われました。「わたしが行く所」とは「神のもと」です。

「あなたがたはわたしを捜すだろう」とは、イエスが死なれることを暗示しています。たとえ弟子たちであっても、イエスを信じないユダヤ人たちと同じように、「今」、そこに来ることはできないのです。

しかしイエスは弟子たちには、「今ついて来ることはできないが、後でついて来ることになる」（ヨハネ13・36）と言われます。それはイエスご自身が弟子たち一人ひとりの中に復活されるという恵みの時が来るからです。イエスさまが弟子たちにお与えになった「新しい掟」も、やがて訪れるその恵みを受けて初めて、守ることができるようになる掟として語られています。

神を愛し、人を愛する

イエスさまは弟子たちに、「新しい掟」をお与えになりました。それは「わたしがあなたがたを愛したように、あなたがたも互いに愛し合いなさい」という掟でした。

この掟の「新しさ」はどこにあるのでしょうか。

「わたし（イエス）があなたがた（弟子たち）を愛した愛」とは、旧約の掟の完全な実行です。それは内容そのものとしては新しいものではありません。

かつて一人の律法学者に「あらゆる掟のうちで、どれが第一でしょうか」と尋ねられた時、イエスはお答えになりました。「第一の掟は、これである。『イスラエルよ、聞け、わたしたちの神である主は、唯一の主である。心を尽くし、精神を尽くし、思いを尽くし、力を尽くして、あなたの神である主を愛しなさい』。第二の掟はこれである。『隣人を自分のように愛しなさい』。この二つにまさる掟はほかにない」（マルコ12・29〜30）。

「この二つにまさる掟はほかにない」と言われる、最大の掟の完全な実行。それが、「イエスが弟子たちを愛した愛」でした。内容そのものは新しいものではありません。では一体、この掟のどこに「新しさ」があるのでしょうか。

イエスと共に守る掟

「わたしがあなたがたを愛したように」の「ように」と訳された箇所の原文には、ギリシャ語の「カトース」という単語が使われています。この言葉は「〜ように」という「類比」の意味の他に、「理由」や「根拠」をも表します。イエスの掟の新しさとは、その内容ではなく、掟を実行する「理由」や「根拠」にあるのだと思います。「わたしがあなたがたを愛したように、あなたがたも互いに愛し合いなさい」という掟は、弟子たちに「単なるお手本どおりの行動」を要求する命令なのではありません。そうではなく、「あなたがたを愛したわたし自身の愛が、あなたがたの中にあるのだから（理由）、その愛で、その愛を使って（根拠）、あなたがたも互いに愛し合うのだよ」と教える、ご自分と一つのからだといのちになって生きることを求める新しい掟なのです。

復活のイエスが、弟子たち一人ひとりの中に立ち上がった後初めて、守ることができるようになるこの「新しい掟」は、イエスと共に守る掟です。この愛の掟の中に入るなら、弟子はイエスと一緒の向きで生きるいのちとなります。「互いに愛し合うならば、それによってあなたがたがわたしの弟子であることを、皆が知るようになる」と言われるのはそのためです。弟子たちが愛し合う時、イエスがその業を行っておられるのが見えるからです。

「友のために自分の命を捨てること、これ以上に大きな愛はない」（ヨハネ15・13）

「つながっていなさい」、「とどまりなさい」

ヨハネ福音書十五章でイエスさまは、「わたしはぶどうの木、あなたがたはその枝である」と言われます。そして、「わたしにつながっていなさい」と言われます。今日の箇所は、その話の後半部分です。イエスさまはわたしたちに「友よ」と呼びかけてくださいます。そして、「わたしの愛にとどまりなさい」と言われます。イエスさまのことばを聞いてみましょう。

◇

「父がわたしを愛されたように、わたしもあなたがたを愛してきた。わたしの愛にとどまりなさい。わたしが父の掟を守り、その愛にとどまっているように、あなたがたもわたしの掟を守るなら、わたしの愛にとどまっていることになる。

これらのことを話したのは、わたしの喜びがあなたがたの内にあり、あなたがたの喜びが満たされるためである。わたしがあなたがたを愛したように、互いに愛し合いなさい。これがわたしの掟である。友のために自分の命を捨てること、これ以上に大きな愛はない。わたしの命じることを行うならば、あなたがたはわたしの友である。もはや、わたしはあなたがたを僕(しもべ)とは呼ばない。僕は主人が何をしているか知らないからである。わたしはあなたがたを友と呼ぶ。父から聞いたことをすべてあなたがたに知らせたからである。あなたがたがわたしを選んだのではない。わたしがあなたがたを選んだ。あなたがたが出かけて行って実を結び、その実が残るようにと、また、わたしの名によって父に願うものは何でも与えられるようにと、わたしがあなたがたを任命したのである。互いに愛し合いなさい。これがわたしの命令である」(ヨハネ15・9~17)。

喜びが満たされるため

ヨハネ福音書十五章一節~十七節はよく知られた箇所で「イエスはまことのぶど

う の木」という小見出しがつけられています。今日の箇所は、その後半部分の九節〜十七節です。

小見出しで括られた箇所の中に、ヨハネ福音書の「キーワード中のキーワード」と言ってもよい言葉が、繰り返し十一回も登場します。ギリシャ語で「メノー」という単語なのですが、前半部分では、「つながっている」という訳で七回、後半部分では、「とどまる」という訳で三回、「残る」という訳で一回、短い範囲に合計十一回出てきます。

「メノー」は、他の箇所では「泊まる」（1・38）とも訳される、「深い一致」を表す言葉です。「わたしにつながっていなさい」、「わたしの愛にとどまりなさい」。イエスさまは、そう言ってわたしたちを、ご自分との深い一致に招かれるのです。

ところで、イエスさまがわたしたちに、「わたしにつながっていなさい」、「わたしの愛にとどまりなさい」と言われる理由は何でしょうか。その答えはわたしたちにとって、とても分かりやすい答えです。「わたしの喜びがあなたがたの内にあり、あなたがたの喜びが満たされるためである」、これがその理由です。「イエスさまの喜びがわたしたちの内にあり、わたしたちの喜びが満たされるため」、……そのためにイエスさまはこう話されたのです。

一緒に生きる愛　喜び

イエスさまの喜びは、「父がわたしを愛されたように、わたしもあなたがたを愛してきた」ということの中にあります。「父がわたしを愛された愛」とは、どういうものなのでしょうか。

イエスさまはご自分が体験しておられる父の愛を、一つ前の章で次のようなことばで語っておられます。「わたしが父の内におり、父がわたしの内におられることを、信じないのか。わたしがあなたがたに言う言葉は、自分から話しているのではない。わたしの内におられる父が、その業を行っておられるのである」(14・10)。

「おん父がイエスさまを愛された愛」とは、おん父とイエスさまが、ただ向かい合っておられるのでなく、お互いの内に「一緒の向き」で生き、イエスさまが語ることばを通して、おん父がその業を行われる、といういのちの交わりのことだと、わたくしは思います。それは一緒に生きるという愛です。そしてイエスさまは、「そのように、わたしもあなたがたを愛してきた」と言われるのです。

それはつまり、「わたしたちの内で、イエスさまが一緒の向きで生き、わたしたちが語る言葉を通して、イエスさまがその業を行われる」という愛です。では、どうやってそのことが可能なのでしょうか。

最大の愛

イエスさまは、「友のために自分の命を捨てること、これ以上に大きな愛はない」と言われます。「友のために自分の命を捨てる」とは十字架の死を指しています。「自分の命を捨てることが愛」という言葉に、どこかしっくりこない思いを抱かれる方も多いと思います。しかし、イエスさまが十字架の上でこの世の命を捨てられるのは、ご自分がすべての人の中に入って、一緒に生きるいのちとなるためです。「捨てる」と訳されている言葉は、ギリシャ語の「ティセーミ」ですが、第一義は（土台を）置く、据える、という意味です。わたしたちと一緒に生きるいのちとなるために、イエスさまはこの世の命を置かれたのです。

イエスさまは、おん父がご自分を愛されたように、わたしたちを愛し、「わたしたちの内で、一緒の向きで生き、わたしたちが語る言葉を通して、イエスさまがその業を行われる愛」を実行してくださっています。そのことを「父から聞いたことをすべてあなたがたに知らせた」とおっしゃっています。

最後の「わたしがあなたがたを任命した」ということば

の「任命」には、「捨てる」と同じ、「ティセーミ」という単語が使われています。イエスさまは、わたしたち一人ひとりの中に、ご自分のいのちを据えられたのです。

「言っておきたいことはまだたくさんあるが、今、あなたがたには理解できない」（ヨハネ16・12）

最後の約束

ヨハネ福音書が描くイエスさまは、最後の晩餐の席上で使徒たちに聖霊の派遣を約束されます。そして五回にわたって「派遣される聖霊の働き」について説明されています。今日の箇所はその五回目の場面です。イエスさまのことばを聞いてみましょう。

◇

「言っておきたいことは、まだたくさんあるが、今、あなたがたには理解できない。しかし、その方、すなわち真理の霊が来ると、あなたがたを導いて真理をことごとく悟らせる。その方は、自分から語るのではなく、聞いたことを語り、また、これから起こることをあなたがたに告げるからである。その方はわたしに栄光を与える。わたしのものを受けて、あなたがたに告げるからである。父が持っておられるものはすべて、わたしのものである。だから、わたしは、『その方がわたしのものを受けて、あなたがたに告げる』と言ったのである」（ヨハネ16・12～15）。

もっと深い出会いと一致へ

イエスさまは、弟子たちに聖霊の派遣の約束をされる前に、まず、「ご自分が父のもとへ行くこと」をお告げになりました。そして弟子たちに、「わたしの行く所に、あなたは今ついて来ることはできない」（ヨハネ13・36）と言われました。そう言われて弟子たちの心は悲しみで満たされました。イエスさまとお別れしなければならなかったからです。

けれども、イエスさまは弟子たちに言われました。「しかし、実を言うと、わたしが去って行くのは、あなたがたのためになる。わたしが去って行かなければ、弁護者はあなたがたのところに来ないからである」（ヨハネ16・7）。

「弁護者」とは真理の霊である「聖霊」のことです。「今日のイエスさまのことば」が教えているのは、聖霊が来られる時、この世でイエスさまと一緒にいた時よりも、「もっと深い出会いと一致」が弟子たちの中に創造されるということです。それで「わたしが去って行くのは、あなたがたのためになる」とおっしゃっているのです。去って行かれなければ、弟子たちは「より深い出会いと一致」の中に入れないからです。

イエスの体験の中へと導く方

「言っておきたいことは、まだたくさんあるが、今、あなたがたには理解できない」とイエスさまは言われます。「今、あなたがたには理解できない」と言われるのは、「言っておきたいこと」……の内容が、単なる知識や情報ではなく、「体験」だからだと思います。

（今、理解できない……けれども、真理の霊が来ると、わたしたちを、イエスさまがなさっている体験すべての中に導いてくださる）。……イエスさまはこのようにおっしゃっているのだと思います。

真理の霊が、わたしたちをイエスさまの体験の中に導くことができるのはなぜでしょうか。それは、「その方は、自分から語るのではなく、聞いたことを語る」お方だからです。

「聞いたことを語る」とは、だれかの受け売りをするという意味ではありません。「聞き従った体験を語る」ということです。この方は、イエスさまに聞き従い、おん父に聞き従う、体験そのもののお方です。だから真理の霊は、わたしたちをイエスさまの体験すべての中に導くことができるのです。

また、「これから起こることをあなたがたに告げる」、とは、真理の霊が「これから起こることを予知する」という意味ではありません。「これから起こること」とは、「イエスの死と復活の神秘」のことです。そして、「告げる」と訳されていることばは、ギリシャ語の「アナンゲロー」。「隠されていたことを明らかにする」という意味があります。

つまり「これから起こることをあなたがたに告げる」とは、これから起こる、イエスの死と復活の神秘を、あなたがたに明らかにし、深く体験させる、ということなのだと思います。

その方はわたしに栄光を与える

「栄光を与える」とは、その人のその人らしさが最大限に発揮されることです。その方、すなわち真理の霊である聖霊は、イエスさまに栄光を与えます。なぜなら、イエスさまのイエスさまらしさを最大限に発揮させてくださるからです。

イエスさまのイエスさまらしさとは、「すべての人と共におられる」ということです。また「ご自分のすべてを、すべての人の中に注いでしまっておられる」ということです。

聖霊は、その「イエスさまの真実」をわたしたちに告げ、体験させてくださいます。イエスさまがいつも共におられ、持っておられるものをすべて、わたしたちにくださってしまったという隠れた神秘を、わたしたちに告げ、深く出会わせてくださいます。

それだけでなく聖霊は「おん父の真実」をもわたしたちに告げ、体験させてくださいます。「父が持っておられるものはすべて、わたしのものである」というのは、イエスさまのおん父との体験です。聖霊は、わたしたちをこのおん父との体験の中にも導いてくださいます。

「だから、わたしは、『その方がわたしのものを受けて、あなたがたに告げる』と言ったのである」。……今日の最後のことばでイエスさまがおっしゃろうとしているのは、「父が持っておられるものはすべて、わたしのもの。わたしのものはすべて、あなたのものだ」ということです。これこそイエスさまが「言っておきたいことは、まだたくさんあるが、今、あなたがたには理解できない」と言われた体験の内容なのだと思います。

わたしたちは今、聖霊によってこの出会いと一致へと招かれています。

「婦人よ、御覧なさい。あなたの子です」（ヨハネ19・26）

最期のことば

イエスさまは、すべての人の救いのために十字架に挙げられました。十字架の死を通して、すべての人の中に入って、すべての人一人ひとりの中におられる神と共に、一緒に生きるいのちとなられるためです。その業を成し遂げてくださったイエスさまが、十字架の上で語られた最期のことばに耳を傾けましょう。

兵士たちは、イエスを十字架につけてから、その服を取り、四つに分け、各自に一つずつ渡るようにした。下着も取ってみたが、それには縫い目がなく、上から下まで一枚織りであった。そこで、「これは裂かないで、だれのものになるか、くじ引きで決めよう」と話し合った。それは、「彼らはわたしの服を分け合い、わたしの衣服のことでくじを引いた」という聖書の言葉が実現するためであった。兵士たちはこのとおりにしたのである。イエスの十字架のそばには、その母と母の姉妹、クロパの妻マリアとマグダラのマリアとが立っていた。イエスは、母とそのそばにいる愛する弟子

とを見て、母に、「婦人よ、御覧なさい。あなたの子です」と言われた。それから弟子に言われた。「見なさい。あなたの母です」。そのときから、この弟子はイエスの母を自分の家に引き取った。

この後、イエスは、すべてのことが今や成し遂げられたのを知り、「渇く」と言われた。こうして、聖書の言葉が実現した。そこには、酸いぶどう酒を満たした器が置いてあった。人々は、このぶどう酒をいっぱい含ませた海綿をヒソプに付け、イエスの口もとに差し出した。イエスは、このぶどう酒を受けると、「成し遂げられた」と言い、頭を垂れて息を引き取られた（ヨハネ19・23～30）。

わたしの時

イエスの十字架の下に、母が佇んでいます。イエスの母は、かつてヨハネ福音書の中で、もう一度だけ登場していました。「カナの婚礼」の場面です。

母が「ぶどう酒がなくなりました」と言った時、イエスは、「婦人よ、わたしとどんなかかわりがあるのです。わたしの時はまだ来ていません」とお答えになりました。

しかし、母の取りなしによって、水が大量の良質のぶどう酒に変えられ、宴会は喜びで満たされたのです。

さて、「わたしの時」である、「十字架の時」が来た今、イエスは再び母に呼びかけられます。「婦人よ、御覧なさい。あなたの子です」。

自分の母に「婦人よ」と呼びかけられることは、わたくしたちの目に不思議ですが、イエスさまは母マリアに、「一人の息子の母」ということをはるかに超えた、大きな使命を託しておられるのだと思います。

イエスさまは愛する弟子にも呼びかけられます。「見なさい。あなたの母です」。ここに新しい家族の絆が生まれました。「見なさい。ここにわたしの母、わたしの兄弟がいる。神の御心（みこころ）を行う人こそ、わたしの兄弟、姉妹、また母なのだ」（マルコ3・34〜35）というイエスさまのことばが思い出されます。

イエスさまが母マリアに託された使命とは、すべての人の母となることなのだと思います。すべての人が神の御心を行って、血縁をはるかに超えた新しい家族の絆に入るために、イエスがなさったすべてのことに、すべての人を出会わせるように、母の愛をもって取りなしてほしいと願われたのではないでしょうか。

神の御心を行う人

ところで、「神の御心を行う人」とは、究極的にはイエスさまのことです。イエスさまは、「わたしが天から降って来たのは、自分の意志を行うためではなく、わたしをお遣わしになった方の御心を行うためである」（ヨハネ6・38）と言われました。イエスさまこそ「神の御心を行う人」です。

そしてイエスさまは、「神の御心」が何であるのかを、はっきりと知っておられました。「わたしの父の御心は、子を見て信じる者が皆永遠の命を得ることである」（ヨハネ6・40参照）とおっしゃっています。

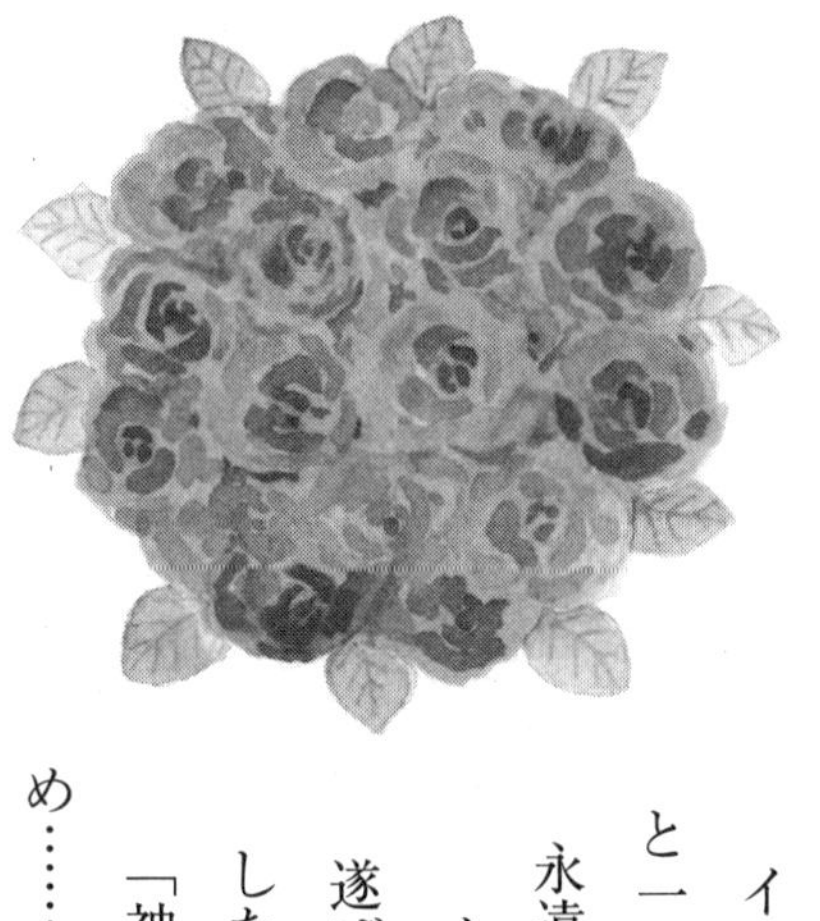

イエスさまのご生涯は、父である神の御心を行うことと一致していました。つまりイエスさまはすべての人が永遠の命を得るために生きられたのです。

イエスさまは十字架の上で、ご自分の使命が今や成し遂げられようとしているのを知り、「渇く」と言われました。

「神よ、あなたはわたしの神。わたしはあなたを捜し求め……水のない荒れ果てた土地のように、わたしの心はあなたを慕い、からだはあなたを渇き求める」（詩編63・2参照）。

　イエスさまはぶどう酒を受けると、「成し遂げられた」と言って、息を引き取られました。

「成し遂げられた」こと

「息を引き取られた」と訳されている言葉はギリシャ語の「パラディドーミ」で、これは本来「引き渡す」という意味です。ご自分の魂とからだが切に渇き求めているおん父に、イエスさまはご自分のすべてを引き渡されたのです。それはすなわち、すべての人間にご自分のすべてを引き渡されたということです。イエスさまは、すべての人間の中に神がお住まいになっておられることを見ておられました。その神の中に、ご自分の命を引き渡されたのです。

　人間の中には、神さまがお住まいです。一緒の向きで生きておられます。その中にイエスさまも一緒の向きで入ってくださいました。わたしたちがイエスさまと一緒に生きて、「神の御心を行う人」になるためです。

　もしわたしたちがイエスさまと一緒の向きで生きるなら、わたしたちは自分の中にも人の中にも、神さまが共におられ、イエスさまも共におられることを認めて生きる命になります。

イエスさまは神の御心を成し遂げてくださいました。わたしたちが「成し遂げられた」目に見えない真実に出会うように、母マリアに取りなしを託しました。

「父がわたしをお遣わしになったように、わたしもあなたがたを遣わす」（ヨハネ20・21）

喜びのメッセージ

復活されたイエスさまが弟子たちに告げられたのは「赦し」と「平和」と「派遣」のメッセージでした。それは弟子たちを内側から喜びで満たしました。

今日、イエスさまはわたしたちにも同じように語られ、わたしたちの命の根幹を喜びで満たそうと望んでおられます。復活されたイエスさまが語られたことばを、聞いてみましょう。

その日、すなわち週の初めの日の夕方、弟子たちはユダヤ人を恐れて、自分たちのいる家の戸に鍵をかけていた。そこへ、イエスが来て真ん中に立ち、「あなたがたに平和があるように」と言われた。そう言って、手とわき腹とをお見せになった。弟子たちは、主を見て喜んだ。イエスは重ねて言われた。「あなたがたに平和があるように。父がわたしをお遣わしになったように、わたしもあなたがたを遣わす」。そう言って

から、彼らに息を吹きかけて言われた。「聖霊を受けなさい。だれの罪でも、あなたがたが赦せば、その罪は赦される。だれの罪でも、あなたがたが赦さなければ、赦されないまま残る」（ヨハネ20・19～23）。

「赦し」・暗闇に輝き出た光

「その日」とは、「復活の日」のことです。復活の日の夕方、弟子たちはイエスを殺したユダヤ人を恐れて、自分たちのいる家の戸に鍵をかけていました。原文では「戸」は複数形ですから、戸という戸に鍵をかけていたのです。おそらく彼らは自分の心の扉にも鍵をかけて、暗く、冷たくなって自分の内側に閉じこもっていたのでしょう。

すべてを捨てて従ってきたあの方を、見捨てて逃げてきてしまった。取り返しのつかないことをしてしまった。あの方は死んでしまった。わたしの人生は終わった。もう生きている資格もない……。弟子たちは、そんな思いの中に沈み、死んだようになっていたのかもしれません。

しかし、そのただ中にイエスさまは立たれ、「あなたがたに平

和があるように」と言われました。原文では「平和。あなたがたに」という言い切りです。それは「あるといいね」という「希望」ではなく、「平和がある」という力強い「宣言」です。そして「平和」とは、神さまが共にいてくださる真実のことです。

手とわき腹とをお見せになったイエスさまは、「わたしはまさに、十字架に釘付けられて死んだ、あのわたしだよ」と弟子たちに分からせたかったのです。弟子たちは主を見て喜びました。

完全な闇の中に、光が輝き出ました。弟子たちはこの時、「赦し」の意味を知ったのだと思います。「一緒にいていただく資格などまったくないわたしの中に、神が共にいてくださる。『赦し』とは、いていただく資格のない者の中に、ただただ神が一緒にいてくださることだ。そしてその真実を照らして出会わせてくださる、あなたのことだ」。

おん父の派遣方式

イエスさまは重ねて「あなたがたに平和」と告げてから、弟子たちに言われました。「父がわたしをお遣わしになったように、わたしもあなたがたを遣わす」。……イエスさまは、「おん父がご自分をお遣わしになった派遣方式」で、ご自分も弟子たちを派遣すると言われたのです。

「おん父の派遣方式」とは、どのようなものなのでしょうか。最後の晩餐の席上でフィリポが、「主よ、わたしたちに御父をお示しください」と言ったとき、イエスさまはその派遣方式に触れてお話しになりました。

「フィリポ、こんなに長い間一緒にいるのに、わたしが分かっていないのか。わたしを見た者は、父を見たのだ」。（中略）「わたしが父の内におり、父がわたしの内におられることを、信じないのか。わたしがあなたがたに言う言葉は、自分から話しているのではない。わたしの内におられる父が、その業を行っておられるのである」（ヨハネ14・9〜10）。

「わたしが父の内におり、父がわたしの内におられる」とは、二人が向かい合って「にらめっこ」のようにしておられるのではありません。互いに、一緒の向きで生きておられるのです。

「わたしがあなたがたに言う言葉は、自分から話しているのではない。わたしの内におられる父が、その業を行っておられるのである」と言われるとおり、イエスさまの内で、おん父が一緒の向きで働いておられるのです。「わたしを見た者は、父を見た」と言われるのはそのことです。

「おん父の派遣方式」とは、派遣主であるおん父が、被派遣者であるイエスさまの内で、一緒の向きで生きて働かれるという派遣です。イエスさまはその派遣方式で、弟子たちを派遣すると言われるのです。

「赦し」はわたしの命令

「聖霊を受けなさい。だれの罪でも、あなたがたが赦せば、その罪は赦される」そのとおり。あなたがたが赦す時、あなたがたの内にいるわたしがその赦しの業を行う。「だれの罪でも、あなたがたが赦さなければ、赦されないまま残る」。……「赦すも赦さないも、あなたがた次第だ」と言っているのではない。あなたがたが赦さなければ、赦されないまま残ってしまう。だから、「赦せ」。それがわたしの命令です。

神は「赦し」というお方。どんな人にも、どんな時にも、何があっても、神は共におられるのです。しかし、その真実は出会われなければ、実らないままに残ってしまう。

ユダヤ人を恐れて閉じこもっていた時、あなたがたの中に、「赦し」の神はすでに共におられた。しかし、わたしが「平和」

という「赦し」を告げなければ、赦されないまま残ってしまったでしょう? そうであってはならない。絶対にそうであってはいけない。だから「赦せ」。それがわたしの命令です。

相手に「神さまがあなたと共におられます」と平和を祈り、その真実を認めること、それが赦しです「赦しなさい」。

「ヨハネの子シモン、わたしを愛しているか」（ヨハネ21・16）

わたしに従いなさい

マタイ、マルコ、ルカ、ヨハネと、四年間に渡ってイエスさまのことばに耳を傾けてきましたが、このコーナーも今日が最終回になります。最後に、復活されたイエスさまがペトロを深く愛して告げられたことばを聞いてみましょう。

◇

食事が終わると、イエスはシモン・ペトロに、「ヨハネの子シモン、この人たち以上にわたしを愛しているか」と言われた。ペトロが、「はい、主よ、わたしがあなたを愛していることは、あなたがご存じです」と言うと、イエスは、「わたしの小羊を飼いなさい」と言われた。二度目にイエスは言われた。「ヨハネの子シモン、わたしを愛しているか」。ペトロが、「はい、主よ、わたしがあなたを愛していることは、あなたがご存じです」と言うと、イエスは、「わたしの羊の世話をしなさい」と言われた。三度目にイエスは言われた。「ヨハネの子シモン、わたしを愛しているか」。ペトロは、イエスが三度目も、「わたしを愛しているか」と言われたので、悲しくなった。そして言った。「主よ、あなたは何もかもご存じです。わたしがあなたを愛していることを、あなたはよく知っておられます」。イエスは言われた。「わたしの羊を飼いなさい。はっきり言っておく。あなたは、若いときは、自分で帯を締めて、行きたいところへ行っていた。しかし、年をとると、両手を伸ばして、他の人に帯を締められ、行きたくないところへ連れて行かれる」。ペトロがどのような死に方で、神の栄光を現すようになるかを示そうとして、イエスはこう言われたのである。このように話されてから、ペトロに、「わたしに従いなさい」と言われた（ヨハネ21・15〜19）。

赦しで満たすために

イエスさまは、どうして三度も繰り返し、ペトロに「あなたはわたしを愛しているか」と言われたのでしょうか。それはイエスさまが捕らえられた時、ペトロが三度イエスさまのことを否認したからです。

三度否認されたから、三度その償いを求められたのでしょうか。いいえ、そうではないと思います。イエスさまははじめからペトロを赦しておられました。しかし、その「はじめからの赦し」がペトロの中に満たされるためには、三度、ペトロがイエスさまに愛を告白することが必要だったのです。

イエスが捕らえられた晩、大祭司の屋敷の中庭で、門番の女中が、「あなたも、あの人の弟子の一人ではありませんか」と言った時、ペトロは、「違う」と言いました（ヨハネ18・17参照）。

「違う」と訳されている箇所は、原文のギリシャ語では、「ウック　エイミ」です。これは、「わたしは、そうではない」という意味です。ペトロは三度、言わば完全に「わたしは、あの人の弟子ではない」と答えたのです。その否認を、ご自分の「はじめからの赦し」と愛で満たすために、イエスさまは三度ペトロにお尋ねになったのです。

伝説によれば、ペトロはいつでも一枚の布を胸に入れていて、しょっちゅうあふれ出る涙をぬぐっていたそうです。イエスへの大きな愛の気持ちから、涙を押さえることができなかったからです。よく泣いたので、ペトロの顔は泣きぬれてただれたようであったと言われています。

さらに自分が主を否認したことを思い出すたびに、ペトロは激しく嗚咽（おえつ）しました。

この嗚咽は、イエスさまの赦しと愛への、賛美と感謝からこみ上げてきたものであったに違いありません。

あなたがご存じのこと

もし、十字架の出来事より前にイエスさまが「あなたはわたしを愛しているか」とお尋ねになったなら、ペトロは胸を張って、自信満々に「はい」と答えたことでしょう。実際ペトロは、最後の晩餐の席上で、「あなたのためなら命を捨てます」（ヨハネ13・37）と答えています。

この時、ペトロにとって「愛する」ということは、「わたし」というところに重心のあることだったと思います。しかし三度の否認を経て、イエスの死と復活に出会ってからは、その重心は完全に変わってしまいました。

「ヨハネの子シモン、わたしを愛しているか」、「はい、主よ、わたしがあなたを愛していることは、あなたがご存じです」。……この時、ペトロにとって「愛する」ということは、もう「わたし」というところに重心のあることではなくなっていました。ペトロにとって「愛する」とは、「あなたがご存じのこと」に変わっていました。重心は「あなた」のところにありました。

「はい、主よ、わたしがあなたを愛していることは、あなたがご存じです」。こう答えた時、ペトロはもうイエスさまの中にいたのだと思います。

羊のために命を捨てる

ペトロの愛の告白に対して、イエスさまは「わたしの小羊を飼いなさい」と言われました。それはすなわち、「あなたの中でわたしがその業を行う」ということだと思います。二度目の愛の告白に対しては、「わたしの羊の世話をしなさい」と言われました。それはすなわち、「あなたの中でわたしがその業を行う」ということだと思います。ペトロがイエスさまの中にいるよりも先に、イエスさまはペトロの中におられたのです。

原文の「飼いなさい」という言葉には、「食べ物を与える」という意味があり、「世話をしなさい」という言葉には、「牧する」という意味があります。イエスさまはペトロに「良い羊飼い」になりなさいと命じておられるのです。

「わたしは良い羊飼いである。良い羊飼いは羊のために命を捨てる」（ヨハネ10・11）。……イエスさまは「良い羊飼い」。羊のために命を捨て、ご自分の命を「食べさせ」、一人ひとりと共にいて、その命を「牧する」者となられたからです。

「わたしに従いなさい」と言われたペトロは、そのイエスさまに聞き従い、「良い羊飼い」として後にローマで殉教しました。

あとがき

本書『聞いてみよう イエスさまのことば 2 ―ルカ・ヨハネ―』は、二〇一九年一月から二〇二〇年十二月まで月刊誌「家庭の友」（サンパウロ）に連載された、「聞いてみよう イエスさまのことば」の二年間の記事をまとめたものです。

一年目は、ルカによる福音書から「イエスさまのことば」を十二個選びました。その際、主日ミサで朗読される福音箇所の中から選ぶようにいたしました。また、拙著「神さまのみこころ」―イエスさまのたとえを聞く―で扱った内容と重複しないようにいたしました。二年目は同じように、ヨハネによる福音書から「イエスさまのことば」を十二個選びました。

『聞いてみよう イエスさまのことば』を四年間執筆していて、つくづく思わされたことは、「イエスさまのことばはいのちである」ということです。イエスさまのことばは単なる「情報」ではなく「いのち」です。そしてそのいのちは、すべての人と共にいて、一緒の向きで生きてくださるいのちだということです。だから、わたしたちがそのいのちと一緒に生きる時、そのお方は「神さまがすべての人と共におられる」という真実を、わたしたちに体験させてくださいます。そのよいお知らせを、何とかお伝えしたいと願って執筆を続けて参りました。

ところで、この本は何よりも「いのちそのもの」である「イエスさまのことば」、そして「聖書本文」が、長さは短くても毎回必ず載っています。ですから、「聖書は読んだことがない」という方に読んでいただいたなら、その方が聖書本文に触れる一つのきっかけを作ってくれるのではないかと思っています。

そのほか、洗礼や堅信を受けられた方へのお祝いに、また、「イエスさまって、こんなことをおっしゃる方なんですよ」と気軽に人にお勧めいただければうれしく思います。また教会学校のリーダーや、いろいろな機会で宗教を教える方々にも読んでいただきたいな、と思っています。

いつも温かいカットを描いてくださる、はせがわかこさんに感謝いたします。

二〇二一年四月

稲川　圭三

著者紹介

稲川 圭三（いながわ けいぞう）

1959年　東京都江東区に生まれる。
　　　　千葉県習志野市で9年間、公立小学校の教員を務める。
1997年　カトリック司祭に叙階される。
2012年～2019年3月
　　　　カトリック麻布教会の主任司祭。
2019年4月～
　　　　東京カトリック神学院モデラトール（養成担当者）

著　書

『神父さま おしえて』『イエスさまといつもいっしょ』『365日 全部が神さまの日—信仰宣言を唱える—』『神さまのみこころ—イエスさまのたとえを聞く—』『神さまからの贈りもの—秘跡による救いのみわざ—』『聞いてみよう イエスさまのことば—マタイ・マルコ—』（サンパウロ）。

聞（き）いてみよう イエスさまのことば 2
—ルカ・ヨハネ—

著　者——稲川 圭三
イラスト——はせがわ かこ

発行所——サンパウロ

〒160-0004　東京都新宿区若葉1-16-12
宣教推進部（版元）　Tel.（03）3359-0451　Fax.（03）3351-9534
宣教企画編集部（編集）　Tel.（03）3357-6498　Fax.（03）3357-6408

印刷所——日本ハイコム株式会社

2021年 6月1日　初版発行

ISBN978-4-8056-2103-5 C0016（日キ販）